OHSAMA BUNKO

生き方のヒントに出会う 大人の寓話

西沢泰生

三笠書房

「寓話《ぐうわ》」は、どこにでもある。

はじめに……読むと、心が温まって人生にじわっと効いてくる現代の寓話

「寓話《ぐうわ》」

そう聞いて、私が最初に思い浮かべるのは「イソップ物語」です。

子どもの頃、家の本棚に一冊あって、本がボロボロになるまで、飽きもせずに何度も読み返していました。

代表的な話は、「うさぎとかめ」「北風と太陽」「アリとキリギリス」などでしょうか？

この「寓話」という言葉を国語辞典で見ると、こう書かれています。

寓話……教訓的な内容を、他の事柄にかこつけて表した、たとえ話。例。

そうか、寓話には「教訓」が必要だったのか……。
「うさぎとかめ」は「油断大敵」とか「コツコツ努力で強い者にも勝てる」。
「北風と太陽」は、「優しく包み込むことでも、人を動かすことができる」。
「アリとキリギリス」は、「備えあれば憂いなし」。
解釈はいろいろあるでしょうが、たしかに何がしかの教訓を含んでいます。

イソップは「たとえ話」ですが、ふと周りを見まわすと、教訓として活かせるような話って、実はたくさん転がっています。

この本には、そんな、「現代の寓話」を集めました。

登場するのは、タレントやアスリート、歴史上の人物、そして、一流のビジネスパーソンなど。

読むと、ちょっぴり心が温まって、少しためになって、なんとなく優しい気持ちになれる。そんな、現代の寓話。どうぞ、お楽しみください。

西沢泰生

もくじ

1章 人間関係の悩みに効く寓話

…「またすぐに会いたくなる人」になるコツ

2章 一歩踏み出したいときのヒントになる寓話

…「チャンスをつかめる人」の考え方

3章

頭をやわらかくしたいときに知りたい寓話

…臨機応変な発想ができる人になるには

4章 少し立ち止まって人生を考えたいときの寓話

…より良い毎日を送るために

イラストレーション◎古谷充子

1章

人間関係の悩みに効く寓話

……「またすぐに会いたくなる人」になるコツ

1

夜、訪ねてきた友だち
あの人と過ごす「今、この瞬間」

これは、テレビやラジオで人気のタレント、伊集院光さんが子ども時代に体験した話です。

それは一九六七（昭和四十二）年生まれの伊集院さんが、まだ小学五年生だった頃のこと。その当時、伊集院さんはお兄さん、お姉さん、弟さんとともに、（ご本人曰《いわ》く）東京の下町の自宅で過ごしていました。

ある晩。

友だちのA君が、夜、遅い時間に、突然、伊集院さんのお宅を訪ねてきました。

えっ？　こんな時間に？

不思議に思う伊集院さん。

その伊集院さんに、A君はこう言います。

「本を返しに来た」

なんと、わざわざ、夜に訪ねてきて、伊集院さんが貸していた漫画本を返しに来たというのです。

別に急いで返してもらう理由もないし、それこそ、明日、学校で返してくれればいいのに……。疑問に思いながらも、A君から本を受け取って、その晩は、そのままお別れをしました。

さて、次の日。伊集院さんは、A君に、どうして昨日の晩、わざわざ家に本を届けに来たのかを聞こうと思っていました。

しかし学校に行ってみると、その日、A君はお休み。

そして、伊集院さんは衝撃の事実を知ります。

A君がお休みの理由。それは……。

A君一家の夜逃げだったのです。

A君は、伊集院さんに漫画本を返しにいったその晩、真夜中に家族とともに夜逃げしてしまったのでした。

おそらく、親から「今晩、この家を出る」と告げられたA君は、荷造りをしているとき、伊集院さんから漫画を借りたままになっていることに気づいたのでしょう。そして、気持ちを抑えることができず、夜、本を返すために伊集院さん宅を訪ねたに違いありません。

もう、友だちの伊集院さんの顔を見るのもこれが最後。

そんな思いを隠して、いっさいの事情を話すことなく、淡々と本を返したA君。「じゃあ、また明日、学校で」という伊集院さんの別れの言葉をどんな思いで聞いたのでしょう。

想像するだけで胸がつぶれる思いがします。

伊集院さんによると、その後、しばらく、校門の前に見知らぬ大人が立っていることがあり、登下校する生徒たちに、「A君がどこに引っ越したか知らない?」と聞かれることがあって、ものすごく怖かったそうです。

友だちとの別れは、ある日、突然に訪れるかもしれません。

私も、小学生の頃、いつも一緒に野球をやっていた友だちが病気で入院し、そのまま逝《い》ってしまったことがありました。退院したら、また一緒に野球をやろうと思っていたのに、あっという間に**「いなくなって」**しまいました。

一期《いちご》一会《いちえ》という茶道の言葉があります。人との出会いは、一生に一度の出会いだと考えて心から接しなさいという意味。

たとえ毎日会っている友であっても、今日の出会いが最後なのかもしれない。

私は、**一期一会こそ人付き合いにおける究極の言葉**だと思っています。

教訓 友人と過ごす時間は、人生の宝。

2

スーザンの「よかったらどうぞ」
「周りが何とかしてくれる」人

根強い人気を持つテレビアニメ『クレヨンしんちゃん』。

主人公のしんちゃんをはじめ、個性的なキャラクターがたくさん登場し、それが人気の理由の一つになっています。

そのサブキャラクターの一人に、スーザン小雪という名前のニューハーフのおじさんがいます。オカマバー「男たちの挽歌」のママで、本名は玄武《げんぶ》岩男《いわお》というごつい名前。低く渋い声で、俳優の田中要次《ようじ》さんが金髪のかつらを被《かぶ》ればハマる感じでしょうか。

このスーザンさん。困っている人を見かけると「ウチに来ない」と、自分のお店に連れていって飲み物をご馳走《ちそう》する、とても心優しき人物。

これは、そんなスーザンが登場する数少ない回のエピソードです。

その日、合コンで失敗したばかりの幼稚園の先生と偶然に会い、二人で公園に通りかかったしんちゃんは、桜の木の下で一人、お花見の場所取りをしているスーザンに声をかけられます。

「あら、しんちゃん、座んなさいよ」

聞けば、もうすぐお店の常連さんたちがやってきて一緒にお花見するとのこと。

持参した二つのお重の中には、スーザン手作りの厚焼き玉子がぎっしり。

「よかったら食べる？」としんちゃんと先生に玉子焼きを勧めるスーザン。

二人が遠慮なく一つをつまんで食べてみると、これが絶品の美味《おい》しさ。

思わず二つ目にも手が伸びてしまいます。

その様子を見ていた、すぐ横で場所取りをしていた人たちから、「その玉子焼き、美味《うま》そうですね」と声をかけられたスーザン。

もう一つのお重を手に取ると、その人たちにこう言ったのです。

「よかったらどうぞ」

それだけではありません。

お重を持って立ち上がると、周りで花見の場所取りをしている人たちに次々と「よかったらどうぞ」と声をかけるではありませんか。

あっという間に減っていく厚焼き玉子。

「常連さんたちの食べる分がなくなってしまいますよ」と心配する幼稚園の先生。

「大丈夫、なんとかなるわよ」とスーザン。

そうこうしているうちに、持ってきたお重は空っぽになってしまいました。

と、そこにお店の常連さんたちがやってきます。その手には紙袋が。

「やー、スーザン。みんなで食べようと思って、寿司持ってきた」

それを聞いたスーザン。しんちゃんと先生にこう言います。

「ほら、なんとかなったでしょ」

仏教に「利他《りた》」という考え方があります。ひと言で言えば「自分の利益よりも、他者の利益を優先する考え方」。

他者の利益を優先して考えて行動することが人徳につながり、周りからも協力を得られるようになって、結局は成功につながるということから、一流と呼ばれる経営者が、この「利他」を座右の銘の一つにしていることもあります。

実際、私は知り合いの起業家の方から、「お客様の引っ越しの手伝いをしたり、良いと思えば、自分の会社の商品以外の商品をお勧めしたりする」など、お客様の利益を最優先する営業スタッフの話を聞いたことがあります。

その方は、決算期が近づくと、お客様のほうから、**「ノルマまで、あといくら売れればいいの？」**と聞いてきてくれて、商品を買ってくださるのだとか。おかげで、いつも営業ノルマを社内ランキングの上位で達成できていたそうです。

「相手のことを考えた行動は、結局、自分に返ってくる」という実例ですね。

教訓　「よかったらどうぞ」が、「なんとかなる」への近道。

3

ポンコツロボットのたわごと

カチンとくる相手への「余裕の切り返し」

タモリさんがかつて、リポーターたちから質問を受けているとき、インタビューの内容とはまったく関係のない質問をされた場面を見たことがあります。

ちょうど、そのインタビューの直前に、あるお笑い芸人が不祥事を起こし、一人のリポーターが何の脈絡もなく、「今回の○○（芸人の名前）さんの不祥事について、何か言いたいことはありますか？」と聞いたのです。

無神経だし、インタビューの時間を取っているタモリさんに対しても失礼な質問です。普通のタレントなら、それでも記者に気を遣って、当たり障《さわ》りのないコメントを返したことでしょう。しかし、タモリさんは、毅然《きぜん》とした態度で、そのリポーターに視線を向けると、こう言ったのです。

「言いたいことがあれば、本人に直接に伝えますから。ここで話すことは何もありません」

そう言われたリポーターは絶句していました。

タレントの関根勤さんも、かつて、ベスト・ファーザー賞を受賞したとき、囲み取材のインタビューで、あるリポーターから突然、「○○さんと●●さんが結婚しましたが、ひと言」と言われたことがあります。

関根さんは、失礼なリポーターだなと思いながらも、一瞬、頭が真っ白になってしまって、「お二人とも、僕、お会いしたことないんですけど……」と真面目に答えてしまったそうです。

そんな経験から、いつか自分が「グランドファーザー賞」をもらうことがあり、そのインタビューのときに失礼な質問をしてくるリポーターがいたら、その質問に対して、こう回答してやろうと決めているそうです。

「むにゅむにゅむにゅむにゅ、ピー！」

つまり、まったく意味不明なことを言おうと決めているのです。このやりとりがどこかで報道されたら最高ですが、残念ながら、まだ、その機会は訪れていません。

リポーターの例を二つ挙げてしまいましたが、あなたの周りには、無神経で、人の気分を害するようなことを平気で言ってくる人、いませんか？

カチンときて、うっかり言い返すと、売り言葉に買い言葉で、言い争いになってしまいかねないし、受け流しても、モヤモヤした気分が残って不快です。

いつもカチンとくる相手が、会社の上司だったりしたら、さあたいへん。無視することもできず、イライラが募《つの》るばかり。

そんなときは、どうしたら良いのか？

私の知人で起業家のHさんは、会社員時代に、上司から恨みを買ってしまい、理不尽な指示を出されるというイジメ体験をしたことがあり、そのときには、次のように考えてストレスを溜めないようにしていたといいます。

この上司は人間じゃない。私のことをイジメることを唯一のミッションとしてインストールされているロボットなんだ。

そう考えると、腹を立てる気にもならなかったそうです。

カチンとくる相手のことは、心の中で思いっきり見下してしまうと、何を言われても「ポンコツロボットのたわごと」くらいに聞こえて、心に余裕が出ます。

教訓 カチンとくる無礼な相手は、人間だと思わない。

4

相手と打ち解けたいときの魔法

人間関係を良くしてくれる「三つの原則」

私は、相手との人間関係を良くしたいとき、次の三つの原則に基づいた接し方を実行すれば、必ず仲良くなれると考えています。

★原則1　人は、自分のことを笑わせてくれる相手を好きになる
★原則2　人は、自分に感謝してくれる相手を好きになる
★原則3　人は、自分を褒《ほ》めてくれる相手を好きになる

それでは、一つひとつ見ていきましょう。

原則1　人は、自分のことを笑わせてくれる相手を好きになる

誰だって、四六時中、不機嫌な顔をしている人よりも、明るくてユーモアがあり、自分を笑わせてくれる人と一緒にいたいでしょう。

もちろん、オヤジギャグの連発は愛想笑いがたいへんですが、心から笑えるような面白い人なら、それだけで好きになってしまいます。

ユーモアという人間関係の潤滑油は、常に意識したいところ。

「相手を笑わせる練習」になる意外な場面があるのですが、それはレストランや居酒屋などでオーダーをするときです。

客と店員という、絶妙な距離にある赤の他人を一瞬で笑わせるのです。

私の知人の社長さんは、飲食店ではいつも、「あのテーブルにまた行きたい」と店員が思ってくれるような客になろうと意識し、オーダー時に、ちょっとしたユーモアを入れるように心がけているとか。

その社長さんによれば、プライベートであっても常に**「相手を楽しませるオー**

ラ」を身にまとっていることが、ビジネスでも自然と「良い仕事の依頼」を運んできてくれるとのこと。

そういえば、エッセイストの阿川佐和子さんは、初めて行くレストランで、「苦手な食材はありますか?」と質問されると、いつも、こう言うのだとか。

「ラクダのつま先と、ゾウの鼻は、苦手です」

阿川さんがこう答えると、お店の人はたいがいプッと噴き出して場が和《なご》むとのこと(ちなみに、阿川さんは、二つとも実際に食べたことがあって、本当に苦手だそうです)。

「笑い」が持つ力を象徴するエピソードですね。

原則2――人は、自分に感謝してくれる相手を好きになる

この原則を極論で言えば、たったひと言、「ありがとう」と言うか、言わない

かに集約されます。

「ありがとうくらい言っているよ」という人に限って、せいぜい、相手から何かをしてもらったときにお礼として言うくらいのことが多いもの。

たとえば、初めての人と会うとき。

「お時間を取っていただき、ありがとうございます」は当たり前。

相手に必ず好かれる人は、仮に相手から、「待ち合わせ時間に遅れる」と連絡が入ったときも、**「連絡をくださってありがとうございます。あわてず、気をつけてお越しください」**と言えるのです。

知人のセミナー講師は、セミナーでの質疑応答で、質問者に対して、必ず、「ありがとうございます」と言ってから、質問への回答をしておられます。

それは、「わざわざ手を挙げて、質問してくれたことへの感謝」の言葉で、ときには「素晴らしい質問をありがとうございます」「私が伝えたいことを質問してくださって、ありがとうございます」などと、付け加えることもあるとか。

また、別の「仕事の依頼が絶えないカリスマ講師」の方と、居酒屋で食事をご一緒させていただいたときのこと。店員たちは、悪い接客ではありませんでしたが、笑顔もなく、私は「ちょっと不愛想だな」という印象を持っていました。

ところが、食事を終えて、会計をするとき、その講師の方が、レジの店員に、こう声をかけたのです。

「とても美味しかったです。ありがとうございました」

その言葉を聞いた途端《とたん》、無表情だった店員が思わず笑顔になり、ひと言。

「ありがとうございます！　またいらしてください！」

ああ、これか！　これが、仕事の依頼が絶えない人の接し方なんだな……。

そう思わせてくれる、ひと言でした。

原則3　人は、自分を褒めてくれる相手を好きになる

相手を褒めるとき、私がよく使うのは、Sで始まる三つの言葉。

「すごい」「さすが」「鋭い」という三つです。

この三つは、ほぼ、口グセのように使っています（本当にそう思わせてくれる

方が、私の周りにたくさんいるから、ということもありますが……）。

注意点は、三つとも**「理由とともに使う」**こと。

「さすがですね」だけでなく、「そんなことを瞬時に思いつくなんて、さすが、プロですね」と言われたほうが、相手だって嬉《うれ》しいはず。直接に言うのが難しい相手のときは、共通の知人に対して、「○○さんて、さすがプロなんですよ」と熱弁すれば、そのうち、自分が褒めていたことが本人の耳に入ります。

最後に、**褒めるタイミングは、「いつ、いかなるときも」**です。

その人が良いことをやった、そのときにすぐ褒めることが大切。

たとえば、その人が会議でいい意見を言ったのなら、会議の直後に「今日のあなたのあの意見は実に鋭かったね」と褒めるのです。

そうやって普段から褒めて、人間関係を築いておくと、いざ厳しいことを伝えなくてはならないときも、伝えやすいし、相手もよく納得してくれます。

教訓
「ユーモア」「感謝」「褒め言葉」で、人付き合いはうまくいく。

5

「スイカの塩」の教え

SNSへの心無い書き込みとの賢い付き合い方

その昔、まだSNSはおろか、電子メールもなかった頃。

自分への悪口は、相手が直接言ってくるか、陰でコソコソささやかれるかのどちらかでした。

直接に言われたら、反省するか、言い返すか、あるいは聞き流すかすればいいし、陰でコソコソ言われる悪口は、そもそも自分の耳にまで届かないことが多いので傷つくこともありませんでした。

ところが。

現代では、SNSの登場により、まったく知らないたくさんの人たちへ向けて自分の言葉を発信できるようになった反面、そのまったく知らない相手が、平気で自分のSNSに悪口を書き込んでくるようになってしまいました。相手の正体がわからないので、赤の他人なのか、実は知り合いなのかもわからないところがさらにやっかいで、相手も、自分は安全なところにいるので、遠慮なく好き勝手なことを書き込んできます。

有名人の中には、「悪口の書き込みを読むと落ち込んでしまうし、自分の言動が炎上してしまったら耐えられない」という理由から、「SNSで発信しないし、のぞくこともしない」という方が少なからずいます。

そんなSNSへの「心ない書き込み」について、最近、テレビでもよく見かけるようになったラッパーの呂布《りょふ》カルマさんが痛快な考え方を披露していました。

それはカルマさんがテレビ番組に出演したときのこと。

話題が、SNSへの誹謗中傷《ひぼうちゅうしょう》の書き込みに関することになったとき、なんと、「SNSで自分について書き込まれた悪口を読むのが好き」と、とんでもないことを告白し、その理由として、こんなことをおっしゃったのです。

「SNSに書き込まれる自分への悪口なんて、スイカの塩みたいなもの」


そのときの会話の流れはこうです。

自分のSNSに書き込まれる悪口に落ち込むと言うタレントに対して、カルマさんは、言います。

「自分は、SNSで自分について書き込まれた悪口を読むのが好き。適度なストレスはやっぱ必要」

「自分への悪口を読んで落ち込まないの?」

「『どうぞやってください』という感じ。逆に情熱が湧くのはやっぱ悪口。返事を書き込みたくなる」

そして、とどめのひと言。

「ネット上の、『顔もわからない、存在しているのかどうかもわからないヤツ』からのヘイト(中傷)でちょっとだけストレスを感じるのは、スイカの塩ぐらいの感じ。ネットでかけられる悪口にそんなに威力はない」

心無い書き込みで落ち込むどころか、カルマさんは、悪口なんて、「スイカの塩」だと思って、心地よい塩味を楽しんでいると言うのです。

実は私も、自分の本に関するネットでのレビューで、ひどい書かれ方をしたものを見つけて落ち込んだことがありました。

でも、今は**「そう思う人もいるよね」**と気にしないことにしています。それに、よく読むと、「この人、本を読んでいないよね」とわかったりすることも。

ネット上の悪口なんて、安全な場所に隠れている相手が、好き勝手に書き込んで、自分のストレスを解消している程度のもの。カルマさんがおっしゃるように、「そんなに威力はないシロモノ」。気に病む必要なんて、まったくないのです。

教訓

少ししょっぱくても、ネットでの悪口なんて、たかがスイカの塩。

6

「伝説のボス」の粋な計らい
「器が大きい人が好む人」になる方法

これは、アメリカに本社を置く超一流ホテル、リッツ・カールトンで、日本支社長を務めるなどした元ホテルマンで、退社後の現在は「人とホスピタリティ研究所」を設立されている高野登さんの体験です。

サービスに関する本を複数出版されている高野さん。その最初の著書は、二〇〇五年発売の『リッツ・カールトンが大切にする　サービスを超える瞬間』(かんき出版)。これは、リッツ・カールトンでの経験を元に、世の中に対し、接客サービスの本質を問うという一冊です。

実はこの本を出版するにあたって、思わぬ問題が発生していたそうです。

出版に際し、高野さんは事前にリッツ・カールトンの本社にレポートを提出して出版の許諾《きょだく》を得ていました。

ところが……。

見本が完成し、あとはもう出版の日を迎えるだけ、という最終段階になって、親会社であるマリオット本社の法務部から次のようなクレームが入ったのです。

「我々は、出版について何も聞いていない。リッツ・カールトンの名称も、ライオンのロゴも、会社の資産であり、いっさいの使用を禁ずる」

えっ！　このタイミングで？　と思う高野さん。

この本の企画は、一流ホテルのリッツ・カールトンのサービスありきで、これを「ある一流ホテル」と書き換えたのでは、本のコンセプトが成り立ちません。

しかも、見本が刷り上がった段階で、発売を白紙に戻すことは、出版社に多大なご迷惑をかけることになります。

アトランタのボス（当時の副社長）に相談しても、「出版社とかけ合って、本の出版はなかったことにするように」などと、情けないアドバイス（命令?）しか返ってこない始末。

さて、いったいどうしたら良いのか？

困り果てていたそのとき。高野さんは、一筋の光を見つけます。リッツ・カールトンの二代目社長、サイモン・クーパー氏が来日するという情報をつかんだのです。

「これはもう、初めてお会いするこのチャンスにかけるしかない」

しかし、曲がりなりにも相手はリッツ・カールトンの社長です。もし、怒りを買うようなことになれば、オーバーでなく、クビになることだって考えられます。

高野さんは腹をくくりました。

さて。クーパー氏の来日の日。

空港で出迎えたあと、成田エクスプレスでの移動中に、高野さんは意を決し、これまでの経緯をクーパー氏に説明しました。

高野さんの言葉を、ずっと、目を閉じて聞いていたクーパー氏。

話を聞き終えると、静かにこう言ったのです。

「明日、君のオフィスに行くから、その本を二冊持ってきなさい。それとカメラも忘れずに」

そして、それだけ言うと、また、気持ち良さそうに目を閉じました。

翌朝、高野さんのオフィスにやってきたクーパー氏は、両手に高野さんの本を持つと、満面の笑みでポーズを取り、自分のことを写真に撮らせます。

そして、高野さんにこう告げたのです。

「この写真をマリオット本社とリッツ・カールトン本社に送りなさい。そうすれ

ば、リッツ・カールトンの最高責任者であるこの私が、君の本をエンドース（承認）していることがマリオット本社の連中にもわかるだろう」

高野さんのクビがつながり、名著が世に出ることが決まった瞬間でした。

器の大きい人物は、ときに、粋《いき》な計らいをしてくれます。

そして、そういう人は、熱心な若者が大好き。

そういう若者を見ると、無条件で応援したくなるのです。

私の知人で起業家のAさんは、フードコートで会計の列に並んでいるとき、初めて会う、見知らぬ若者から、突然、こう話しかけられたそうです。

「失礼ですが、どうしてそんなにすごいオーラを放てるんですか？」

Aさんが放つオーラに気がつくだけでもすごいのに、話しかける勇気はなかなかのもの。Aさんはすっかりその若者が気に入って、「何かあったら、いつでも連絡してきていいよ」と、名刺を渡したそうです。

話を高野さんに戻すと、想像するに、移動中の車中で、「リッツ・カールトンが持つ、接客サービスの本質を、本を通して広く世の中に伝えたい」と訴える高野さんの姿は、クーパー氏にはとても好ましく映ったのではないでしょうか。

そして、応援してあげたくなったのでは？

二〇二四年、高野さんのもとに、クーパー氏の訃報《ふほう》が届きました。

高野さんの恩人は世を去りました。しかし、クーパー氏の粋な計らいによって世に出た、高野さんの著書、『リッツ・カールトンが大切にする　サービスを超える瞬間』は、発売後二十年を経た今も売れ続けるロングセラーになっています。

教訓　器の大きい人が「つい、応援したくなる人」になる。

7 昭和の大スターの「ご馳走する理由」
「見返り」を期待しないギブが人を惹きつける

世の中は「ギブ&テイク」。

私が見る限り、そう思っている人って、人間関係がうまくいかないことが多いように思います。なぜって、ギブした相手からの見返りがないと不機嫌になるし、恩着せがましいので、せっかくギブしても、周りから嫌われてしまうから。

困っているとき、いつも、周りの誰かが自然と助けてくれるような人というのは、その人自身が普段、**まったく見返りを考えることなく、周りの人たちに「ギブ」している**ものです。

映画の『座頭市《ざとういち》』シリーズなどで一世《いっせい》を風靡《ふうび》した昭和の大スター、勝新太郎《かつしんたろう》さんの「ギブ」に関するエピソードです。

勝さんは、とにかくお金の使い方が豪快でした。

毎日のように飲み歩いていましたが、その日に同じ店で食事をしていた、何の関係もない人たち全員分の食事代を支払って帰ることもよくあったといいます。


俳優の高橋英樹さんがドラマの撮影の打ち上げで、スタッフたちを引き連れて高級なお店で飲んでいたときのこと。

偶然、店内で勝新太郎さんと鉢合わせしました。

「今日はどうした？」と勝さん。

「あっ、打ち上げでスタッフと来ています」と高橋さん。

すると、勝さんは、ごく自然にこう言ったのです。

「そうなのか、じゃあ、今日の支払いは俺にツケておいてくれ」

簡単に「ツケておいてくれ」と言っても、それなりの高級店で、高橋さんがこの日、連れてきていたスタッフは全部で三十人ほどです。

いくらなんでもそれは……と思った高橋さんが、「いや、それは……」と丁寧《ていねい》に辞退の言葉を伝えると……。

勝さんはニヤリと微笑《ほほえ》んでこう言ったのだそうです。

「いいんだよ。会っちゃったんだから」

勝さんにとっては、「おごる理由」なんて、どうでもいいんですね。

相手が自分のスタッフかどうかも関係ない。

今、この場で、大スターである自分と一緒になったんだから、気持ちよくおごられてくれ……と、そんな感じ。

ちなみに、そんなことばかりやっていた当時の勝さんの外食費（というか飲み代）は、一年で一億円を軽く超えていたそうです。

「ギブに関するエピソード」というわけではありませんが、せっかくなので、勝新太郎さんに関する、私が大好きな、そして、本当に現代の寓話のようなエピソードを紹介します。

それは、一流の料亭でのイタズラです。


勝さんが、自分の演技学校の生徒たちを引き連れて高級料亭で食事をしたときのこと。勝さんは、運ばれてきた最高級の牛肉を口にした途端、それをぺっと吐き出して、仲居さんに怒鳴りました。

「いつからこんなモノを出すようになったんだ！　おまえんとこは！」


怒鳴られた仲居さんが驚いたのなんの。

「申し訳ございません！　少々、お待ちを！」

そう言うと、逃げるようにその場を去ります。

仲居さんがいなくなると、勝さんは、周りで凍りついている俳優の卵たちに向かって、ニヤリとしてこう言ったのです。

「へへへっ、今の顔、見たか？　人間てのはなぁ、本当に驚いたときには、あんな顔をするんだ。よく覚えときな」

なんと、演技学校の生徒たちに、「人が驚いたときの顔」を見せるためのドッキリだったのです。

仲居さんから報告を受けた板長が、慌てて調理場から飛んできて、部屋の前で土下座をして、恐る恐る言います。

「何か、粗《そ》相《そう》がございましたでしょうか……」

すると勝さん、上機嫌で「いや〜、いいんだ、いいんだ、ははは っ」と高笑いしながら、板長に分厚いご祝儀を渡したのでした。

ちなみにこの、「その顔を覚えておけ」は、勝さんの口グセみたいなものでした。

自分の映画に出演したハナ肇《はじめ》さんの「驚いたときの演技」がオーバーで気に食わなかったとき。ハナさんを自分の高級車に乗せて、わざと車をぶつけ、驚くハナさんに向かって、「その顔だよ！　その顔で驚いてくれ」と言ったというエピソードもあります。

自分の浮気が奥さんの中村玉緒さんにバレて激怒されたときは、「玉緒、人間は本当に怒ったとき、そんな顔をするんだ。よく覚えておけ」と言ったとか。

いやはや、豪快というか、無茶苦茶というか……。

生前の勝さんを知る多くの人たちは、「初めて会ったときから、あっという間に勝新太郎のとりこになってしまった」と語っています。

ギブに豪快だっただけでなく、こんな、イタズラ好きで茶目っ気たっぷりな部分もまた、人々を惹《ひ》きつける魅力だったのかもしれません。

教訓 豪快にギブして、「ギブしたこと」はすぐに忘れよう。

8

人見知り克服法
「知らない人に話しかける」武者修行

人と話すのが苦手な人、いますよね。

今でこそ、初めて会う相手と一分くらいで打ち解けられるようになった私ですが、昔はビビリで、初めて会う相手と二人きりになろうものなら、「何か話さなきゃ、何か話さなきゃ、話題は？　話題は！」と、パニックになったものです。

話す必要がない人と無理して話す必要は、サラサラありません。でも、仕事で初めてお目にかかった相手とか、お近づきになりたい相手と話をするチャンスが来たときなどは、「話しかける勇気」がない自分を歯がゆく思うこともあると思います。

この**「知らない相手に話しかける勇気」**は、いったいどうやって鍛えればよいのでしょう。

お笑いタレントの田村淳《あつし》さんは、よく「コミュニケーションの達人」と呼ばれます。

街角の飲み屋で「独り飲み」をしている女性に淳さんが声をかけて会話を進めるというバラエティ番組がありましたが、これなど、まさに淳さんのコミュニケーション能力がなければ成り立たない企画です。

そんな淳さんですが、もともと山口県下関市《しものせきし》にある、周囲を関門《かんもん》海峡に囲まれている彦島《ひこしま》という島の出身で、東京に出てきた当時は、都会の雰囲気に飲まれてしまい、「人に話しかけるのが怖い」と感じる時期があったのだそうです。

自分の下関弁が通じるのか？　田舎者だとバカにされるのではないか？　そんな不安から萎縮《いしゅく》してしまったのですね。

「このままではいけない」。そう思った淳さんは、あることをして、その不安を克服しました。何をやったのかというと……。

渋谷のど真ん中で、「渋谷駅はどっちですか?」と、道行く人に話しかけるということを一週間、続けた。

荒療治ですね。でも、やってみると、いろいろなことがわかったそうです。

まず、**渋谷を歩いている人の中にも、自分と同じように地方から出てきて、不安を抱えている人がたくさんいる**ということ。

そして、大きかったのは、**「こういうタイプの人は親切に道を教えてくれて、こういうタイプの人は人を無視したり、嫌な顔をしたりする」などがある程度わかるようになった**こと。

淳さん曰く、「(コミュニケーションに関する)目に見えなかった不安が『データ』になり、どう対応すればよいか明確になった」と。そして、小さな成功体験が積み重なって、コミュニケーション力が高まり、自信もついたのだそうです。

思うに、淳さんは最初、「知らない人に声をかけること」に慣れるために渋谷での武者修行を開始したわけですが、やっているうちに、知らず知らず、**「人を**

見る力」も鍛えられたというわけですね。

この「人を見る力」は、人生において、ものすごい武器になります。

人間関係の悩みは、「やっかいな相手と関わってしまった」というのが、一つの大きな原因です。しかし、「人を見る目」を持っていれば、少なくとも、そういう輩《やから》と関わることを回避する確率をグンと高めることができます。

ちなみに、私の「初めての相手を見る判断基準」の一つは、「私が書いた本を好きかどうか」。なぜなら私の本は、ものごとをうがった目線で見るクセのある人が読むと、つい、イチャモンをつけたくなる内容だからです。つまり、「西沢さんの本のファンです」と言ってくれている時点で、その人は、私と相性が良い人であること確定！ ですから、安心してお付き合いができるというわけです。

私の基準は少し特別ですが、やっかいな相手と関係を持たないように、ぜひ、「こういう人とは距離を置く」という判断基準を決めておくとよいと思います。

教訓 臆せずに話しかけて、付き合うかどうかは、「自分の基準」で決める。

9

アメリカ式「ディベート」のチーム分け方法

「相手の気持ち」になる練習

まるで、よくできた小噺《こばなし》のような会話を耳にしたことがあります。

私がファミレスでパソコンに向かって原稿を書いているとき、隣の席で大学生らしい若者二人がこんな会話をしていました。


「あれ、おまえ、モーニング頼まないの?」

「頼まない。あと五分待って、モーニングの時間が終わったら、普通のメニューから頼む」

「なんで? モーニングのほうが絶対に得じゃん」

「俺が何を頼んだって、俺の自由だろ」

「そうかもしれないけど、せっかく、モーニングを頼める時間にここにいるのに頼まないなんて、まったく理解できないんだけど……。モーニングを頼むのが、どんだけ嫌なのさ？」

「そうだな。たとえば、今、俺がおまえに、『モーニングなんか頼まないで、あと五分待って普通のメニューを食え』って、命令したらどう思う？」

「それは嫌だね」

「だろ。それと同じくらい嫌なんだ」

聞きようによっては、ただの屁理屈《へりくつ》です。

でも、相手の気持ちを理解する考え方としては理にかなっているような気が。

アメリカの大学に留学経験がある方の話。

その方が通った大学では、クラスを二チームに分けて、議論を戦わせる「ディベート」の時間があったそうで、議論するお題としては、たとえば、「バスケットボールとベースボールでは、どちらが面白いか？」というような、明確な答えがないものが選ばれたそうです。

私がその方の話を聞いて、すごいなと思ったのは、そのチーム分けの方法です。

バスケットボールのファンは、ベースボールのほうが面白いと主張するほうのチームに、ベースボールのファンは、バスケットボールのほうが面白いと主張するほうのチームに振り分けられるのです。

つまり、自分の考えとは逆の立場に立って、ディベートに臨まなければならない。バスケットボールのほうが好きなのに、「バスケットが面白くない理由」を訴えなくてはならないということ。

そうやって議論することで、**自分と異なる考えを持つ相手の意見を理解し、尊重する訓練とする**わけです。

このアメリカ式「ディベート」のチーム分け方法。

相手の立場に立ってものごとを考えるときに使えるような気がします。あることについて、「やらないほうがいい」と自分の意見に反対してくる人がいたら、その相手の立場になって、なぜ反対しているのか、その理由を想像してみる。

すると、「今はその時期じゃない」とか「準備不足」とか、相手が「やらないほうがいい」と言っている理由が理解できるかもしれませんし、少なくとも、相手の主張に耳を傾ける気持ちになると思うのですが、いかがでしょうか。

どうしてあの人は、いつも反対のことを言ってくるのだろう……。

人間関係で、そんなつぶやきが出たときは、一人ディベートのチャンス。

その人になり切って、反対意見の理由を考えてみましょう。

教訓　反対意見を言う相手になり切って、一人ディベートしてみる。

10

カエルとヘビの友情

いさかいを生まない「絶妙な距離」

アフリカの民話です。

あるとき、カエルの子どもが茂みをピョンピョン跳ねていると、生まれて初めてヘビの子どもと出会いました。

「やあ、君は誰？」

声をかけられたヘビの子も、カエルを見るのは初めてです。

「僕はヘビの子さ。君は？」

「僕はカエルの子だよ。一緒に遊ばない？」

二匹はすぐに仲良くなり、カエルの子はヘビの子にジャンプのやり方を教え、ヘビの子はお腹で地面を這《は》う方法をカエルの子に教えます。

また明日も同じ場所で会う約束をして、その日はそれぞれ家に帰りました。

家に帰ったカエルの子は、「僕、こんなことができるんだ」と、お母さんに地面を這ってみせます。するとお母さんは顔をゆがめて聞きます。

「おまえ、それ、いったい誰に教わったんだい？」

「ヘビの子だよ。新しい友だちなんだ」

「おまえ、ヘビが悪い一族だって知らなかったのかい？　もう二度と会うんじゃないよ！」

いっぽう、ヘビの子も家に帰るとお母さんに、ジャンプするところを見せていました。ヘビのお母さんは聞きます。

「誰に教わったの？」

「カエルの子だよ。新しい友だちなんだ」

「おまえ、なんてバカなんだい。私たちヘビとカエルが昔から仲が悪いのを知らないのかい？　今度会ったら、飛びかかって食べてしまうんだよ！」

次の日。カエルの子とヘビの子は、約束通り、昨日と同じ場所で会いました。しかし、お互いに近づくことはなく、カエルの子は「ごめん。今日は一緒に遊べないんだ」と後ずさりします。

ヘビの子のほうも、母親の言葉を思い出していましたが、昨日、楽しく遊んだことが思い出されて体が動きません。

結局、二匹は、そのままお別れし、二度と一緒に遊ぶことはありませんでした。でも、二匹はその後も時折、一緒に遊んだ日のことを懐《なつ》かしく思い出すことがあったのです。

なんだか切ない話ですね。

カエルとヘビは男の子同士ですが、ちょっと、ロミオとジュリエットみたいにも思えます。

いろいろな解釈ができる話ですが、私は、**「人間関係における、究極の距離感」の教訓**のように感じました。

もし、カエルの子とヘビの子が、親の言葉を無視して、このまま一緒に会い続けていたら、どうなったか？

いつかは、悲劇が起こったのではないでしょうか。

カエルとヘビのように、本能レベルで**「わかり合えない相手」とは、距離を取ることこそが人間関係において最善の選択**です。

絶妙な距離さえ取っていれば、悲劇もトラブルも避けることができます。

教訓

「わかり合えない相手」とは「距離をおく」のが究極の関係。

Column

イソップ寓話から 1

この本の「はじめに」の中で、私は、「（本書に）登場するのは、タレントやアスリート、歴史上の人物、そして、一流のビジネスパーソンなど」とお伝えしました。

でも、せっかく「現代の寓話」を集めたのですから、寓話の本家とも言える、イソップの中から、あまり皆さんがご存じないお話を各章の最後に一つずつ紹介したいと思います。

【樫の木と神様】

あるとき、樫《かし》の木たちが神様に不平を言いました。

「神様、聞いてください。私たち樫の木は、人間から嫌われています。なぜって、ほかのどんな木よりも先に、斧《おの》で枝を切られたり、切り倒されたりしているのですから。私たちは、こんなひどい目にあうために生まれてきたのでしょうか？」

樫の木の言葉を聞いた神様は答えました。

「おまえたちは、勘違いをしている。おまえたち樫の木は、自分で自分を不幸にしているのだ。もし、おまえたちが、農夫が使う鍬《くわ》や木こりが使う斧の柄《え》になったり、家を建てるときの柱の材料になったりすることができなければ、人間たちから切り倒されることもないであろう。切られるのが嫌だというなら、自分たちの性格を変えることだ」

神様、冷た！　と思いましたか。

この話の教訓は、「**人から嫌われる人というのは、その人自身に原因がある。だから、周りから好かれたいと思ったら、まず、自分を変えなければならない**」なのだと言われています。

あー、たしかに、周りから嫌われるようなことばかりやっているのに、「周りの人たちが冷たいんです」って言っている人、いますね。
「忙しいのに、誰も手伝ってくれない」と言う人に限って、周りの人が忙しそうにしていても手伝ったことがない……とか。

ちなみに、イソップ（アイソポス）は古代ギリシアの人で、もとは奴隷だったと伝わっています。ですから、登場する神様はゼウスということになります。

2章

一歩踏み出したいときのヒントになる寓話

……「チャンスをつかめる人」の考え方

11

藤井聡太の号泣
大成する人に必要な（？）才能とは

将棋界のスーパースター、藤井聡太さんが小学二年生のときの話。

それは二〇一〇年、名古屋将棋の日（十一月十七日）の名古屋でのイベントでのこと。藤井少年は、同地を訪れた谷川浩司《たにがわこうじ》さんと二枚落ち（実力の差を縮めるために上位者の飛車と角の二枚を抜いて対局すること）とはいえ、将棋を指す機会を得ました。

将棋に夢中になっていた藤井少年にとって、あこがれの存在となっていた谷川さんとの対局は、願ったり叶《かな》ったりの出来事だったことでしょう。

尊敬はしていたものの、勝つ気満々で臨んだ対局は、なかなか決着がつかない一番となります。

しかし、終盤は当然のごとく谷川さんが有利な展開となり、ほぼ、藤井さんに勝ち目がない状態に。

そこで、時間が長引いていたこともあり、谷川さんがこんな提案をします。

「引き分けにしようか？」

谷川さんとしては、おそらく、この子が自分から投了する（「負けました」と宣言する）ことはないと考えての提案だったのでしょう。

しかし、谷川さんからそう言われた途端、藤井少年は……。


将棋盤に覆《おお》いかぶさるようにして大号泣したのです。

泣きじゃくってその場から動かなくなってしまった藤井少年。困った谷川さんは、藤井少年の将棋の師匠である杉本昌隆さんに助けを求めますが、それでも藤井少年は泣き止みません。結局、最後は母親が抱きかかえて、将棋盤から引き離したのでした。

藤井さんは、とにかく負けん気が強く、対局に負けると、よく悔し泣きをしていたそうです。

谷川さんとの対局と同じ年の「JT東海大会低学年の部」では、決勝戦で「指した瞬間に会場がどよめくほどの悪手《あくしゅ》」を指してしまい準優勝に終わり、表彰式でもずっと泣いていたというエピソードもあります。


この負けん気の強さ！

私は、この**「負けん気の強さ」って、「のちに大成する人の共通点」であり、「必要条件」**なのではないかと思っています。言い方を換えれば、**「負けん気の強さ」というのは、才能の一つ**なのではないかと。

負けん気が強いからこそ、負けたとき、挫折《ざせつ》して終わらない、逆にそれをバネにして、のちの勝利につなげてしまう。

ちなみに、このとき、谷川さんとの対局で号泣したことについて藤井さんは、のちにこう言っています。

「子ども心にまだ勝てるチャンスがあると思っていたのか、泣き出してしまった。悔しいという気持ちをうまくコントロールできなかった」

この日の悔しさをバネにした……というわけではないでしょうが、その九年後の二〇一九年。プロ棋士になって、谷川さんとの初めての対局では、わずか五十七手で勝利し、子ども時代の雪辱を果たしています。

さらに、谷川さんが保持していた「最年少名人位獲得記録　二十一歳二カ月」を四十年ぶりに更新（二十歳十カ月）したのが藤井さんだったというのも、まるで寓話のような本当の話です。

教訓

「負けん気の強さ」は、「負け」をバネに変える原動力。

12

たった一時間で、生徒たちを「英語好き」にした授業
モチベーション脳を刺激する方法

人があることを「やりたくなる」ときの原動力って何なのでしょう。

たとえば、「英語を勉強したい」と思うときのきっかけは?

これは、その「やる気の原動力」に関するお話。


作家としての著書は百五十冊超、出版プロデューサー、そして、晴山《はれやま》書店という出版社の代表取締役でもある晴山陽一さん。

英語教育研究家でもある晴山さんが中学二年生のときの話……というより、晴山さんのお父さんの話です。

晴山さんのお父さんは中学校の英語の先生でした。晴山さんはお父さんが英語

を教える中学に入学しましたが、「親子ではやりにくかろう」という配慮からか、晴山さんのクラスはお父さんではない先生が英語を教えていました。

ですから、本来は、晴山さんはお父さんの英語授業を受ける機会はなかったのです。

ところが、天のいたずらか、一度だけ、お父さんの授業を受ける機会がありました。晴山さんのクラスの英語の先生が二日酔いで欠勤し（今なら考えられませんね）、代打としてお父さんが一時間だけ教えにきたのです。

晴山さんは、このとき、父親が行なった授業を「おそらく一生忘れられない」とおっしゃっています。

そして、「おそらくそれは自分だけでなく、あの日のクラスメート全員にとっても忘れがたい授業だったのではないか」と。

このとき、晴山さんのお父さんは、一時間だけの代打だということもあってか、いつもとは違う、画期的な授業を行なったのです。

晴山さんのお父さんは、突然、教室に姿を見せ、クラスメートを沸かせたあと、

いちばん前の左端の生徒を立たせると、英語で質問しました。

もちろん中二の生徒にもわかる英語です。

立たされた生徒は驚きつつも、なんとか英語で回答します。

するとお父さん、「ネクスト」と言うと、今度はその後ろの生徒を立たせて、また英語で簡単な質問をする。

こうして、四十人もの生徒の一人ひとりに、英語の質問を次々にしていったのです。

自分の息子、晴山さんの順番では、周りの生徒たちの中には「親子で何を聞くのか」と笑っている者もいましたが、そんなことはいっさいお構いなし。

「君は昨日、何をしましたか？」

「渋谷に行きました」

「渋谷に何をしに行きましたか？」

「大盛堂に本を買いに行きました」

「何の本を買ったのですか？」

およそ、そのようなやり取りが英語でなされました。

さて、この授業が終わったあとの、クラスメートたちの興奮ぶりはすごかったそうです。

「こんな授業、初めてだ！」

「なんで英語を勉強しているのか、初めてわかった気がする！」

「英語って、俺たちでもちゃんと使えるんだってことがわかったよ！」

果ては、晴山さんに文句を言う生徒まで。

「晴山がいるから晴山先生に習えないなんて、ひどいよ、絶対不公平だよ！」

晴山さんは、この日の父親の授業についてこう言っています。

「今、思い返しても、この日の父の授業は、英語授業の模範であったと思う。『英語は使うためにあるのだ！』ということを、このたった一回の授業で、我々は初めて知った、骨身にしみて知ったのである」

ここで、最初に投げかけた疑問です。

私たちの「やる気の原動力」っていったい何なのでしょう。

その一つの答えが、この一時間の授業だったのではないでしょうか。

晴山さんのお父さんは、**英語を使って会話することの楽しさを体感してもらうことで、まんまと、生徒たちの「英語脳」を刺激することに成功したのです。**

英語を勉強したいと思う人は、自分が外国人と流暢《りゅうちょう》に会話している姿にあこがれて英語を学びたくなるのではないでしょうか。

英語を使いこなして、海外を一人旅する自分。

アメリカに留学する自分。

もっと身近で、外国人に道を尋ねられたとき、さっそうと英語で道を教えている自分。

何かを始めようとして一歩を踏み出すとき、**それができるようになった自分の姿をイメージしてからスタートを切ると、目標が具体的になり、モチベーション**

がアップします。

あの大谷翔平選手も、自分の夢を具体的なレベルにまで落とし込んで（たとえば、「ワールド・ベースボール・クラシックで世界一になる」とか）、それを一つひとつ実現しています。

そういえば、テレビのバラエティ番組で、まだあまり売れているとは言えない某若手お笑い芸人が、「俺たちのような若手のお笑い芸人が売れたい理由なんて、九割のヤツは同じ理由っすよ」と言っていました。

私は、あー、なるほど、「舞台に立っている自分が満員のお客様を爆笑させること」かな……と思ったら違いました。

若手お笑い芸人が売れたい理由。それは……。

「売れてモテたい！」

えっ？　そこなの？　まあ、そりゃーそうか（笑）。

教訓　「それができたときの自分」をイメージするのが夢実現への第一歩。

13

欽ちゃんが初司会を受けたときに出した条件
「不得意な仕事」の引き受け方

「欽ちゃん」こと萩本欽一さんといえば、かつては「司会をしている番組の一週間の視聴率を足すと百パーセントになる」ことから、「視聴率百パーセント男」と呼ばれたこともある、司会の達人です。

しかし、その欽ちゃんが、実は初めて司会の仕事のオファーをもらったとき、「やりたくないな」「自分にはできないな」と思ったと言ったら、あなたは信じられますか。

もともと欽ちゃんは、故・坂上二郎さんとのコンビで、「コント55号」として飛ぶ鳥を落とすほどの大人気でした。

しかし、二郎さんが「俳優の道」に進んでしまい、「コント55号」は事実上の休止状態に。仕事が暇になった欽ちゃんは、テレビ番組のプロデューサーたちにこう言っていたそうです。

「なんでもやりますよ。司会以外は」


なぜ欽ちゃんは、司会を嫌っていたのか？

その理由は、「台本通りに番組を進めるのが嫌だった」から。

自分の最大の強みは、アドリブによるツッコミだとわかっていた欽ちゃんは、

「司会では自分の強みが生きない」とわかっていたのです。

しかし、皮肉なものです。そんな欽ちゃんに、お笑い以外で最初に来た仕事の依頼は「番組の司会」でした。「あんなに司会は嫌だと言っているのに」と思いましたが、オファーをくれたのは友人でもあるディレクターでした。正直、断りづらい。

悩んだ欽ちゃんは、考えて、司会を受けるにあたって、ある条件を出すことに

しました。
欽ちゃんは、番組のディレクターにこんな条件を出したのです。

「司会に女性アシスタントをつけてほしい」

そのとき、欽ちゃんに司会の依頼があった番組は、のちに大人気番組となる『オールスター家族対抗歌合戦』（フジテレビ系　一九七二〜一九八六年）。
これは、スターの家族をスタジオに招き、歌を歌ってもらうという、言ってしまえば単純な内容です。
そこで欽ちゃんはこう考えました。

「台本通りの番組の進行は女性アシスタントに任せれば、自分は出演者たちに自由にツッコミを入れる立場になれる」

実はこの時代、司会者にアシスタントをつけることは、「司会者に対して失礼」というのがテレビ界の常識でした。

アシスタントなんかつけたら、「あの司会者は一人で進行できないからアシスタントをつけている」という見方をされかねないという風潮があり、司会にアシスタントをつけるのはテレビ界のタブーだったのです。

欽ちゃんは、そんなタブーのことはまったく知らず、「女性アシスタントをつけてくれるのなら司会の仕事を受ける」と伝えたそうです。

番組サイドとしては、司会者からの申し出なら「司会に失礼」というわけではありません。「その条件で司会を受けてくれるなら」と、欽ちゃんの提案は受け入れられ、番組では、女性アシスタントが進行を行ないました。

その結果、欽ちゃんが**「はい、次のチームは……誰だっけ？」**などとボケて、女性アシスタントが「はい、○○チームでーす！」とフォローする……と、そんな感じで番組は進行されました。

そんな今までにない司会進行は視聴者に大ウケ。欽ちゃん初の司会番組は高視聴率を獲得し、「視聴率百パーセント男」の伝説はこうして幕を開けたのです。

現在のバラエティ番組などでは、メイン司会者に女性アシスタントがつく、というのは定番ですが、そのきっかけを作ったのはこの番組、つまり欽ちゃんだったというわけです。

自分が苦手にしている仕事の依頼があったとき、断るのは簡単です。
でも、それでは「依頼を断った」という事実だけが残ってしまいます。
そして、「依頼を簡単に断る相手」に別の仕事を回してくれるほど、世の中は甘くありません。

ですから、不得意と思える仕事の依頼があったときは、欽ちゃんのように、**「断る」のではなく、「条件をつけて受ける」**という手を使ってはいかがでしょうか。**「自分にもできる仕事」に近づける条件をダメ元で提案してみるのです。**

もし、それを相手が受けてくれなくても、断ったのはあなたではなく、「依頼してきた側」にすり替わります。すると、相手は「この前は条件が合わなくて悪かったから、今度は別の仕事を依頼しよう」って思ってくれるかも。

「プロジェクトリーダー、もし、○○さんを右腕としてメンバーに入れていただけるならお受けします」

「納期を○月○日まで延ばしていただけるならお受けします」

このように、「こうなればできる」という条件を突きつければ、それが叶わなくても「単に断ったこと」にはならず、印象がまるで違う。

ぜひ、使ってみてください。

最後にもうひと言。欽ちゃんの言葉。

「大事なのは、どんな仕事でも自分が面白くしてしまえば、いずれはそれを好きになれるということ。そう考えるだけで仕事の幅は一気に広がる。その思いがあれば、好きではない仕事に就いても成功する可能性が生まれる」

教訓

断るのではなく「喜んでお受けします。ただ一つ条件が……」と言う。

14

口にするとモチベーションを下げてしまう言葉

脳を思考停止にする「三つのNGワード」

せっかくモチベーションを上げて、一歩を踏み出そうと思っているのに、もし、口にしたり、頭の中で思ったりしただけで、「脳の成長を止めてしまう言葉」があるとしたら……。ちょっと怖いと思いませんか?

しかも、その言葉が、決して特別な言葉ではなく、普段、あまり意識することなく、普通に使ってしまいがちな言葉だとしたら……。

『80歳でも脳が老化しない人がやっていること』(アスコム)などのベストセラーがある脳科学者の西剛志《にしたけゆき》氏によると、口にしたり、考えたりしただけで「脳の成長を止めてしまう言葉」は実際にあるのだとか。

西氏が指摘する、「脳の成長を止めてしまう、代表的な三つの言葉」をお伝えしましょう。

脳の成長を止めてしまう言葉1　「わからない」

一つ目のNGワードは、「わからない」です。

西氏によると、この「わからない」は、脳にとってはとても危険な言葉なのだとか。

その理由は、「わからない」と言った途端に、脳が思考を止めてしまうから！

言われてみれば、思い当たります。

「SNSとかAIとか、よくわからないな」

「英語がわからないから、アメリカには住めないよ」

「マーケティングのことはわからないんで、ただ、一生懸命に売るだけだ」

「わからない」と思った瞬間に、そのことについて学ぼうとか、理解しようという思いが消えてなくなり、脳が諦《あきら》めモードに入ってしまいます。

これでは脳の成長が止まってしまうのも道理です。

脳の成長を止めてしまう言葉2――「できない」

これも、言った途端に脳が思考することを諦めてしまう言葉とのこと。

「いい提案だけど、ウチの会社ではできないね」

こう言ってしまったら、もう、改善の道は断念ですよね。

ちなみに、西氏によると、世界の偉人と呼ばれる人たちは、共通して「できない」と言わないとのこと。

有名なのはナポレオンです。彼のもっとも有名な名言、「吾輩の辞書に不可能という文字はない」は、まさに、できないという言葉を自分の人生から排除する宣言だったわけですね。

脳の成長を止めてしまう言葉3――「知っている」

えっ？　この言葉もダメなの？　そう思った方も多いでしょう。この言葉が、脳の成長を止めてしまうというのは、少し意外で盲点だと思います。

どういうことかというと、**「それはもう知っている」と思った瞬間に、脳はこれ以上学習する必要はないと判断して思考を停止してしまう**ということです。

うまくいく人たちは、総じて謙虚です。たとえ知っている話であっても、「それはもう知っている」と決めつけずに、最後まで聞いてみる姿勢があります。

かつて「経営の神様」と呼ばれた松下幸之助（パナソニック株式会社創業者）さんは、全国の店長が集まる会議のときに、知っているはずのことも初めて聞くように聞いていたそうです。そうすることで、「知っていると思って聞くと見過ごしてしまう問題点」にも気づくことができ、学びになると考えていたといいます。

いかがですか？　三つとも、ついつい使っていませんでしたか？

教訓　モチベーションを下げる言葉は、言わない、思わない。

15

つい「NGワード」を言ってしまったら たった二文字の「リカバリーワード」

せっかくモチベーションを上げて、一歩を踏み出そうと思っているのに、つい、前の項で紹介したNGワードを口にしてしまう（思ってしまう）クセが出てしまった。実は、そんなときに使える簡単なリカバリーの方法があります。

前出の脳科学者、西剛志氏によると、NGワードを口にしてしまったときに、たった二文字の言葉をプラスするだけで、リカバリーが可能なのだそうです。

その魔法のような二文字。それは。

「でも」

自己啓発の本などでは、この「でも」という言葉、しばしば、悪役として登場しますよね。

「でも」「だって」「どうして」など、アルファベットのDで始まる「ものごとを否定する言葉」として、「言わないほうがよい」なんて書かれています。

しかし、西さんによれば、この「でも」は、使い方しだいで、モチベーションを下げるNGワードをリカバリーする道具として機能させることが可能なのだとか。

どうやって使うのかというと、NGワードを使ってしまったら、この「でも」という二文字をプラスして、**後半の言葉を強引に続けてしまう**のです。

ちょっとやってみましょう。

★「SNSとかAIとか、よくわからないな」

★「いい提案だけど、ウチの会社ではできないね」

★「ああ、それはもう知っている」

これらの言葉の最後に「でも」をプラスすると、何が起こるかというと、脳が、たとえば次のような「続き」を、勝手に思考してくれるのです。

★「SNSとかAIとか、よくわからないな……でも、やってみれば、意外と簡単かもしれない」

★「いい提案だけど、ウチの会社ではできないね……でも、経費の削減になることを社長に伝えればできるかもしれない」

★「ああ、それはもう知っている……でも、まだ知らない部分が出てくるかもしれないから、このまま聞いてみよう」

いかがですか？

このように、「でも」というたった二文字の言葉をプラスして、後半の言葉を続けるだけで、脳の思考停止を防ぐことができるのです。

脳の成長を止めてしまう三つのNGワード、「わからない」「できない」「知っている」に、ぜひ、ご注意を！

そして、「あっ、使ってしまった！」と思ったら、脳が思考停止にならないように、すぐに魔法の言葉、「でも」をプラスして、後半を続けて言ってみてください。

教訓

魔法の言葉、「でも」で、マイナスイメージをリカバリーできる。

16

アントニオ猪木がアナウンサーに張り手をした理由
やる前から決めつけたら、試合終了

何か新しいことや、自分としては少しハードルが高いことにチャレンジしなければならないとき。

「やっても、どうせうまくいかないし」

「自分にできるわけがないから」

「挑戦するだけ無駄」

つい、そんなふうに、自分に言い訳をして、二の足を踏んでしまい、一歩を踏み出せない……。そんなときに思い出したい話。

かつて、「燃える闘魂《とうこん》」と呼ばれたカリスマプロレスラー、アントニオ猪木《いのき》さん。

その活躍はリング内にとどまりませんでした。

一九八九年（平成元年）には、「スポーツを通じて国際平和」を合言葉にした「スポーツ平和党」を結成し、史上初のレスラー出身の国会議員に（ちなみに、当時のキャッチコピーは「国会に卍固《まんじがた》め、消費税に延髄斬《えんずいぎ》り」！）。

しかし、議員となった猪木さんには、「プロレスラー引退」のウワサが流れるようになってしまいます。

そんな風潮に、おそらく猪木さんは腹を立てていたのでしょう。

そのイライラが、当選の翌年、一九九〇年二月に東京ドームで開催された「スーパーファイト in 闘強導夢」のメインイベント、「アントニオ猪木・坂口征二 VS 橋本真也・蝶野正洋のタッグマッチ六十分一本勝負」の試合前に爆発しました。

試合の直前、控え室でテレビアナウンサーがこう聞きます。

「（今日の試合に）負けたら引退ですか？」

この言葉を聞いた猪木さん。

パーンとアナウンサーの頬《ほお》に張り手を食らわせると、こう言い放ったのです。

「出る前に負けること考えるバカいるかよ！」

実は当時、猪木さんの張り手は「闘魂注入」と呼ばれ、ファンにとっては、あこがれの縁起物でした。私も猪木さんの講演会で、参加者から選ばれたファンの一人が、「闘魂注入してください！」とお願いして、猪木さんから張り手をもらっている場面を見たことがあります。

と、こうした「張り手の下地」はあったものの、アナウンサーにいきなり張り手なんて、今なら考えられないことです（よく考えると、このアナウンサー、張り手してもらいたかったのかも……）。

少し話がそれましたね。猪木さんの言葉に戻ると、まさにおっしゃる通り。**試合に出る前に負けることを考えるなんて、意味のないことです。**

そしてそれは、人生のすべてに言えることではないでしょうか。

やりたくないことはともかく、やってみたい気持ちがあることに対して、やる前から「どうせ……」って**結果を決めつけていたら、始める前から試合終了。**成功することも成長することもできず、何も進みません。

そんな弱気の虫は、自分で自分の心に「闘魂注入の張り手」を食らわして、追っ払ってしまいましょう。

なお、この張り手直後の試合は、猪木さんが蝶野さんを体固《たいがた》めでフォール勝ち。試合後には、のちに定番となるパフォーマンス、「1、2、3、ダーッ!」が初披露されました。

余談ですが、猪木さんがプロレスラーを引退したのは、この試合の八年後、一九九八年四月のことでした。

教訓 弱気な自分に「闘魂注入!」。

17

野口英世のハッタリ

どうしても選ばれたいときの裏ワザ

「偉人伝」というと、必ずラインナップされる「偉人オブ偉人」、野口英世《ひでよ》。黄熱病や梅毒の研究で知られるいっぽう、最近は、雑学ブームによって、渡米の直前に、せっかく皆が集めてくれた渡航費のほとんどを「お世話になった人たちとの大宴会」で使ってしまうなど、そのいい加減なキャラクターもよく知られるようになりました。

これは、そんな「ちょっとアブナイ偉人」、野口英世がかました、**人生をひっくり返したハッタリの話**です。

野口英世が渡米したきっかけは、北里大学の研究所で働いていたときに、アメリカから視察に来たサイモン・フレクスナーという博士との出会いでした。

アメリカに行きたかった野口さん、来日した博士に自分を猛アピール。博士から「君はぜひアメリカに来て研究しなさい。応援するよ」という言葉をもらったのです。もちろんこれ、単なる社交辞令です。博士は「私の大学に来なさい。面倒を見るよ」なんて、これっぽっちも言っていません。

しかし、どうしてもアメリカに渡って研究者として一旗揚げたかった野口さんは、この言葉を拡大解釈してしまうんですね。

そして、恩師に借金をさせることまでして（最初の集まった資金は宴会でほとんど消えてしまったので……）渡米。なんの予告もないまま、フレクスナー博士がいるペンシルバニア大学の医学部を訪ねたのです。

驚いたのは博士です。「えー、来ちゃったの？」という気持ちだったでしょう。そもそも、大学には外国人は雇わないという規定だってあるのに……。

とりあえず宿だけは紹介してもらったものの、研究所入りはきっぱりと断られてしまった野口英世。今さら日本に帰ることもできず、人生最大のピンチに。

もうダメ元で、博士の元に通い続け、「お金は要らないから働かせてほしい」と言い続けていると、そんな彼を不憫《ふびん》に思ったのか、博士からこんな提案がありました。

「君は毒ヘビに関する知識や興味はあるかね？」

正直、知識も興味もありませんでしたが、野口さん、こう即答しました。

「少しですが毒ヘビを扱ったことがあります。実はもっと勉強したいと思っていました！」

こうして野口英世は、毒蛇研究所の施設助手として働くことができたのでした。

その後は、毒ヘビから毒を抽出するという命がけの仕事を続けながら、毒について猛勉強。最速で論文を仕上げて博士を驚かせて、すぐに研究助手に格上げになり、未来への足がかりにしたのです。

もう一つ、ハッタリの話。

『パルプ・フィクション』『キル・ビル』などの作品で知られる一流映画監督クエンティン・タランティーノ。実は彼、無名の役者として、映画出演のためのオーディションを受けていた時代がありました。

アメリカでは、映画が企画されると、その出演者の多くをオーディションで選びます。そんなオーディションを次々と受ける無名の役者がたくさんいるのです。

さて、タランティーノさんが、ある映画のオーディションに参加したときのこと。彼は、エントリー用紙の「プロフィール記入欄」に、ちょっとした爆弾を仕掛けました。

なんと彼、「過去に出演したことがある映画作品」という欄に、『ゴダールのリア王』と書き込んだのです！

ゴダールといえばフランスを代表する映画監督の一人。そんな巨匠の映画に出演経験があるとなれば、有象無象の無名俳優たちの中で一目置かれます。

もちろんこれは、彼のハッタリ……というか、ウソっぱち。

プロフィール欄にそんなウソを書くとは、大胆不敵。というか、度胸ありすぎ。しかし、タランティーノさんは、この件について、シレッとこう言っています。

「『ゴダールのリア王』なんて、誰も観てないからバレなかったよ」

まあ、すぐにバレてしまうウソはまずいかもしれませんが、**「できるかな？」と思うことを「楽勝です！」と答えるのは、「選ばれるため」、そして、「自分の覚悟を示す」意味からも、必須の回答**ではないでしょうか。

私もかつて、学生時代に、『クイズ!! マガジン'82』というクイズ番組の予選で、筆記テストに通ったあとの面接において、**「もし番組に出していただけるなら、何でもやります！」**と言って、そのひと言で出演を勝ち取ったことがあります。

そのクイズ番組は、バラエティ色の強い番組（ツービート時代のビートたけしさんが司会の一人！）で、一般視聴者である解答者たちが、童話の主人公の仮装をして出演するという企画の回があり、ディレククターは、面接で「何でもやります」と言っていた私の言葉を思い出して、出演のオファーをくれたのです。

まさにハッタリ勝ち！　ちなみに、私は本番で、裸の王様の仮装をして出演しました。ひえーっ！　若気の至り！


面接やオーディション、ビジネスコンペなどで、自分にこれといって「売り」や「強み」がないとき。野口英世さんやタランティーノさんのように、ハッタリをかますのは「大いにあり」だと思います。

面接やオーディション、ビジネスコンペなどは、何しろ、選ばれなければ話になりません。**選ばれて初めてスタートラインに立てる**のですから。

まず、スタートラインに立つためにも、ときには、「できます！」「楽勝です！」「大船に乗った気持ちでいてください」と、覚悟を決めて、ハッタリをかまそうではありませんか！

教訓　「選ばれてナンボ」のときは、ハッタリも方便！

18

世界チャンピオンが、自分に注目を集めさせた方法

「やらざるをえない状況」を作ってしまう

まず寓話のような話から。


アメリカ、ケンタッキー州のルイビルに一人の黒人の男の子がいました。

彼の楽しみはお父さんからもらった自転車に乗ること。

ところが、十二歳のある日、その大切な自転車が盗まれてしまったのです。

彼は怒り狂って、警察官に言いました。

「犯人を見つけたらぶちのめしてやる！」

するとその言葉を聞いた警官は、彼にこう言います。

「それにはまず、ボクシングを習って強くなったらどうだ？」

実はこの警察官は、地元でボクシングジムのトレーナーをやっていたのです。

少年は、「いつか犯人をぶちのめす」と心に誓い、警官の言葉に従ってボクシングを始めました。

さて。その十年後。

彼は、自転車を盗んだ犯人をぶちのめすことはできませんでした。

しかし、ボクシングの世界チャンピオンになることができたのです。


この話は実話です。

少年の名は、カシアス・マーセラス・クレイ・ジュニア。

のちのモハメド・アリです。

まるで寓話……というより、スポーツ漫画の第一話のような動機で、アリはボクシングを始めたのですね。


警察官のひと言でボクシングジムに入門したアリは、その八週間後には早くもアマチュアボクサーとしてデビュー。初戦で勝利をおさめます。

その後も勝ち続け、ケンタッキー州の大会で六度、全米大会で二度優勝。ローマオリンピック（一九六〇年）のボクシング、ライトヘビー級の代表となり、金メダルを獲得しました。


と、ここまでは順調だったボクシング人生ですが、オリンピックから意気揚々と帰国した彼は、あるレストランで屈辱を味わいます。

「ここは黒人が来る店じゃない」と、入店を拒否されたのです。

今では考えられないことですが、当時のアメリカではまだ、激しい差別意識が残っていたのです。

このとき、アリは、「こんなものは何の役にも立たない」と、怒りにまかせて、金メダルを川に投げ捨てたという伝説を残しました。

このエピソードは、実は本人の創作で、メダルは単に紛失しただけだったということがのちにわかっています。しかし、このとき、アリが金メダルに対する価値を見失ったことは、まぎれもない事実だったのでしょう。

そんなことがあった年の十月、アリはプロボクサーとしてデビューします。

おそらく、心の中では「ボクシングでチャンピオンになって、アメリカ社会に自分を認めさせてやる」という思いがたぎっていたのではないでしょうか。

プロボクサーになった彼は、自分の試合に世間が注目することを狙って、とんでもないことを始めます。

試合前に、相手を何ラウンドでノックアウトするかを宣言したのです。

これ、野球で言えば「次の打席でホームランを打つ！」と、宣言するようなものでしょうか。

実行できればカッコイイけれど、できなければ、ただのホラ吹きです。

しかし、圧倒的な実力を持っていたアリは、宣言を実行していきました。

「ルイビルに、相手を倒すラウンドを宣言し、その言葉通りにノックアウトするボクサーがいる」

ネットワークのない時代でも、そんなウワサはすぐに広まりました。

そして、それはアリのもくろみ通りプロモーターの目にとまり、一九六二年には、アリはニューヨークデビューを果たします。

そして、その年の十一月には、元世界ライトヘビー級王者アーチー・ムーアを宣言通り四ラウンドKOで破っているのです。

もちろん、ノックアウト宣言通りにならないこともありました。しかし、それはそれで、「あの大ボラ吹きヤロウめ」と、話題になることに変わりはありませんでした。また、アリは試合前の記者会見で、相手選手を挑発する言葉を浴びせかけて話題を作るというパフォーマンス（ですよね）も行ない、これもまた、試合が話題になることに一役買ったのでした。

アリ自身は、自分の言動について、こんな言葉を残しています。

「もちろん、大ボラ吹きが好きな者はいないだろう。しかし、**試合前にこう言えば、皆は俺の試合を見にくるし、プロモーターたちには、俺の試合が、金になることがわかる。**野次や怒号の中をリングに上がるのは、いい気分だ。最後は、俺の予告通りになるんだからね」

思うに、アリは、世間の目を自分に向けさせることもさることながら、KOのラウンドを予告したり、相手選手を挑発したりして、**「試合に勝たなければならないように、意識的に自分を追い込んでいた」**のではないでしょうか。

何かにチャレンジして目標を達成したいとき、アリのように、「宣言する」と、自分のやる気を引き出すことにつながります。

たとえば、ダイエットにしても、「来年までに五キロ落とす」と周りに宣言すれば、心ひそかにダイエットするよりもはるかに成功率が高まることは間違いありません。

ちなみに、川に金メダルを投げ捨てた話はアリ本人の創作のようですが、子どもの頃に自転車を盗まれた話は事実だったようで、後年のインタビューでも、まだ犯人をぶちのめせていないことを残念がっていたそうです。

教訓
「宣言する」効果はあなどれない。

19

三つの締め切り
すぐに始めて、すぐに終える方法

漫画『ドラえもん』の一場面です。

ある日、珍しく勉強机に向かって一生懸命に計算をしているのび太。

それを見たドラえもんが感心していると、突然、のび太が叫びます。

「だめだ！　何度計算しても時間がたりない！　やらなきゃならないことがいっぱいあるんだよ。宿題だろ、おつかいだろ、庭の草むしりだろ……」

「やれば」

「気がるにいうなよ。ぼくがのろいのしってるだろ。こんなことしてたら、ひるねも夜ねる時間もなくなっちゃう。ああ！　ぼくはどうすればいいのだ」

泣き叫ぶのび太に、ドラえもんが冷めた表情で言います。

「なやんでるひまに、一つでもやりなよ」

ああ、ドラえもん。あなたのおっしゃる通りです。

仕事など、やらなければならないことがあるのに、この日ののび太のように、あれこれ悩んでなかなか手がつかないこと、ありませんか?

一つ前の項で、「宣言することで自分を追い込む」という方法をお伝えしました。そこでもう一つ。時間管理のプロフェッショナルが提唱している、**「すぐに始めて、すぐに終えるための方法」**を伝授いたします。

時間管理のプロフェッショナルの名は、石川和男さん。

時間管理コンサルタントとして、数々の時間管理に関する著書を執筆。さらにセミナーの開催、オンラインサロンの運営などをされている方です。

そして、石川さんはそれらの活動のほかに、建設会社役員、税理士、大学の客員研究員、人材開発支援会社役員COOなど、全部で九つの肩書を持つという、「時間がいくらあっても足りない」状態。まさに、時間管理によってそれらの役割を「余裕をもってこなす」という実践をされています。

そんな時間管理の達人である石川さんが提唱している時間管理法の一つが、**「トリプルデッドライン」**です。

デッドラインとは「締め切り」のこと。トリプルデッドラインですから、三つの締め切りですね。もともと、仕事には「いつまでに終えなければならない」という締め切りがありますから、これが一つ目のデッドラインです。

石川さんは、「やらなければならないこと」を「早く始めて、早く終わらせる」ためには、あと二つ、締め切りを設ければ良いと言っているのです。

その二つの締め切りとは何か？

一つは、**「いついつまでに仕事を開始する」というスタートに期限を設けるデ**

ツドライン。

これを決めることで、「なかなか着手しない」という状態に陥るのを防ぎます。

そして、もう一つは、**本来の締め切りよりも前に、自分自身で終了期限を設けるデッドライン**です。

石川さんによれば、これを設けることで、「完成した仕事に手直しが入っても対応できる」「本来の締め切り前に終えることが優越感や自信につながる」「何よりも締め切りに追われなくて済む」など、数々のメリットがあるとのこと。

言われてみれば、私も普段、編集者さんから指定された原稿の締め切りよりも早い締め切りを独自に設定して、それを守ることを自分に課しています。

そのおかげで、作家デビュー以来、すべての本で締め切り前に入稿を終え、「締め切り前に原稿を完納してくれる人」として編集者さんから感謝されています。

教訓 時間管理のコツは「トリプルデッドライン」。

20

一日一回の積み重ね

「とんでもないところ」に行くただ一つの道

こんな話をご存じでしょうか？

ある中学生の話。

その中学生はある日、学校で体育の先生がこう言うのを聞いた。

「毎日、少しずつ鍛えれば、誰でも無限に上達できる。たとえば、腹筋なら、一日目に一回、二日目に二回、三日目に三回というように、一日一回ずつノルマを増やしていけば、誰でも一年後には三百六十五回の腹筋ができるようになる」

一日に一回ずつ増やすのなら、もしかして自分でもできるかも。

そう思った中学生は、その日の夜から腹筋を始めた。

言われた通り、一日目には一回、二日目には二回、三日目には三回と、毎日一回ずつノルマを増やしていった。

それまでは、腹筋なんて十回もやればギブアップだったのに、たしかに、一日に一回ずつ増やしていくと、なんと五十日目には、苦もなく腹筋五十回ができるようになった。

そして、百日目には百回。百五十日目には百五十回の腹筋をなんなくクリア。

これはすごい！　毎日の積み重ねって本当にすごい！

そう思っていた百八十日目のこと。

腹筋の最中に突然、お腹の筋肉がつって「痛て！」となって、のたうち回り、それ以来、腹筋チャレンジが行なわれることはなかった。

と、教訓があるような、ないようなこんな話、ご存じありませんか？

えっ？　聞いたことない？

ですよね。

だってこれ、私が中学生のときの体験談ですから（笑）。

まあ結果としては、しょぼい終わり方でしたが、わずか半年の継続で、前日までは百七十九回の腹筋をまったく苦もなくできていたわけで、**「一日一回の積み重ねってすごい」**と体感できたことは、とても良い体験でした。

日本とアメリカのプロ野球で、通算四千三百六十七安打というとんでもない大記録を作ったイチローさんは、二〇〇四年に、シーズン最多安打のメジャーリーグ記録を塗り替える年間二百六十二安打を達成したとき、こんな名言を残しています。

「やっぱり、小さなことを重ねることが、とんでもないところに行くただ一つの道なんだなというふうに感じています」

ヒットを打ちまくったイチローさんの言葉だけに重みがあります。

そういえば、あるクイズ王（私ではなく、もっと有名な実力派の方）は、テレビのインタビューで、「クイズに強くなる秘訣《ひけつ》は？」と聞かれて、こう回答していました。

「一問ずつ問題と答えを覚える。それだけです」

謎《なぞ》解きクイズと違って、いわゆる「知識クイズ」は、答えを知らなければ話になりません。「ソクラテスの妻の名前は？」って問題が出たとき、答えを覚えたことがなければ、百年考えても正解できませんから（ちなみに答えはクサンティッペ）。

英語の勉強も同じですね。結局、単語の意味を知らないと文章の意味がわかりませんから、単語を一つひとつ覚えることが究極の勉強法です。

積み重ねは、あらゆる場面で、パワーの源になります。

教訓 なんだかんだいっても、「積み重ね」が一番強い。

Column

イソップ寓話から 2

【寝ていた犬とオオカミ】

あるときのこと。一匹の犬が、農家の家の前で居眠りをしていました。

と、そこにオオカミがやってきます。

オオカミが犬を見つけ、今まさに襲いかかって食べようとしたそのとき。

犬がオオカミに言います。

「オオカミさん、今、僕を食べるのはやめたほうがいいですよ」

「なんだと？　それはいったいどうしてだ？」

「ほら、見てください。今の僕はガリガリに痩《や》せているでしょ。食べたって美味しくないです。でも、実はもうすぐこの農家で結婚式があるんです。そしたら僕は、ご馳走のあまりをたくさん食べて丸々と太って、美味しい獲物になりますよ。

そのときは、自分からオオカミさんに食べられますから、もう少し待ってください」

「なるほどそうか、わかった」

オオカミは犬の言葉をすっかり信用して帰っていきました。

さて、それからしばらくして、この農家にまたオオカミがやってきました。

見ると、あのときの犬が農家の二階で横になっています。

「おーい、この前の約束を覚えているだろ。降りてきて、俺に食べられてくれ」

その言葉を聞いた犬は、オオカミに向かって言いました。

「オオカミさん、一つ良いことを教えてあげましょう。今度、僕が家の前で眠っていたら、結婚式まで待たないほうがいいですよ」

チャンスは、ある日、突然にやってきます。

そのとき、余計なことを考えて躊躇《ちゅうちょ》すると、そのチャンスはあっという間に逃げてしまう。よく言われるように、幸運の女神には後ろ髪がありません。

電光石火でチャンスをつかむ人は、いざ、目の前にチャンスが来るや、瞬時に「つかむか？　見送るか？」を判断して動くことができます。

なぜ、そんなことができるのかというと、実は、判断が早いだけでなく、たとえば、「今、突然、転勤を打診されたら、受けるか受けないか？」「今、突然、プロジェクトリーダーに抜擢《ばってき》されたら、受けるか断るか？」というように、**「こんなチャンスが来たら、こうしよう」と先に考えを決めている**から、瞬時に行動を決めることができるのです。

普段から「チャンスが来たらこうしよう」と考え、準備をしていれば、この寓話のオオカミみたいにチャンスを逃さなくて済みます。

3章

頭をやわらかくしたいときに知りたい寓話

……臨機応変な発想ができる人になるには

21

名刺交換の行列ができた自己紹介

「その他大勢」から抜け出す発想

「一分間で自己紹介してください」

突然、そう言われたとき、あなたはしっかりと周りに自分をアピールすることができますか？

「○○をやっています、○○と申します。今年で○歳になりました」と、仕事と名前、年齢を言ったら、あとはもうしゃべることがなくなって、頭の中は真っ白。あわわわわっとなり、「よろしくお願いいたします！」と、強引に終わりにしてしまうと、自己紹介は十秒で終わってしまいます。

会社勤めなど、どこかに所属していたら安心な時代はとっくの昔に終わり、誰でも、いつ、肩書を失うかわかりません。ますます「個」が重んじられる今、鉄板の一分自己紹介くらいは用意しておきたいものです。

元日本IBM社のエリートで、三十八歳のとき、自ら希望して社員が十六人のITベンチャー企業に転職。現在は複数企業の代表をされている井下田久幸《いげたひさゆき》さん。ベンチャー企業時代には、大手企業を相手に、ビジネスコンペで三百戦無敗という実績を残し、その経験を元にしたビジネス書も出版されている方です。

その著書、『選ばれ続ける極意』（朝日新聞出版）の中に、井下田さんがあるビジネス交流会に参加したとき、井下田さんの**わずか一分間の自己紹介を聞いた周りのビジネスパーソンが、井下田さんの前に名刺交換の列を作った**という話が出てきます。

周りの人たちは、自己紹介でこぞって「自分はこんな仕事をしていて、ぜひ、こんな方とつながりたい」とアピールしています。そんな中、運悪く（運良く？）何十人もの優秀なビジネスパーソンの自己紹介のあと、最後に自己紹介する順番になってしまった井下田さんは考えました。

（ここで無名のＩＴベンチャー企業に籍を置いている自分が自社商品を売り込んだり、こういう人を紹介してくださいと言ったりしても、おそらく何の意味もない。ほかの人がやっていない自己紹介をしよう）

そして、こんな一分自己紹介をしたのです。

「私は特に売りたいと思っている商品もサービスもありません。だから紹介してほしい人もいません。でも、私を助けてくれる有能な知人はたくさんいるので、皆さんに紹介することはできます。せっかく、こうやって皆さんとお会いできたのですから、私でお役に立てることがあれば喜んで皆さんの相談に乗りたいと思います」

「役に立つ人とつながりたい」という自分の考えを逆転させて、**「どうぞ、自分をあなたの役に立ててください」**と**「自分を売り込んだ」**ら、一気に注目を集め、参加者の全員が井下田さんとの名刺交換に並んでしまったというわけです。

株取引の世界に、こんな有名な格言があります。

「人の行く裏に道あり花の山」

簡単に言えば、「他人と同じことをやっていても大きな成功は得られない。むしろ、誰もやらないことをやったほうが良い」ということ。

井下田さんも、それまでの全員の自己紹介を聞いて、「誰もやっていない自己紹介」をしたから注目されたのです。まさに、「発想の転換」の勝利（もちろん、井下田さんにそれなりの人脈があったことが前提ですが）。

この第3章では、これからの時代にもっとも大切と言っても過言ではない、**「発想力」や「切り替えの早さ」**などに関する話を集めました。

ぜひ、頭をやわらかくしてお読みください。

教訓 人と同じことをしていても、埋もれるだけ。

22

「令和の三冠王」の切り替え術
失敗へのベストな対処法

イソップ寓話の中に、こんな話があります。

ある男が、浜辺に座って、打ち寄せる波の数を数えていた。

ところが、ついウトウトして数えそこなってしまい、数がわからなくなってしまった。

男はすっかり落胆し、落ち込んだ。

すると、キツネがやってきて、男に言った。

「どうして過ぎたことをいつまでも悲しんでいるのです？　今からまた数え直せばいいじゃないですか」

せっかくその気になって何かを始めても、ちょっとしたつまずきで、すっかりやる気がなくなってしまうこと、ありませんか？

そんな、失敗してしまったときの最善策って何なのでしょう？

二〇二二年のプロ野球で、打率三割一分八厘、ホームラン五十六本、打点百三十四点をマークし、令和初の三冠王となったヤクルトスワローズの村上宗隆《むねたか》選手。

高校時代から打撃は非凡で、高校三年間のホームラン数は五十二本。

普通ならドラフト会議で複数球団から一位指名をされてもおかしくないところでしたが、二〇一七年のドラフトの一番人気は清宮《きよみや》幸太郎さんで、村上さんはいわゆる「ハズレ一位」あつかいに。このとき、村上さんをはじめから一位指名する球団があれば、確実に入団させることができたのです。のちの三冠王を獲得しそこなった各球団の当時のスカウトたちは、さぞ悔しがったことでしょう。

そんな名選手、村上選手は、チャンスで三振してしまうなど、「失敗」について、こう言っています。

「打てなかったときのことは忘れる」

単純明快です。

プロ野球のレギュラー選手である以上、どんなチャンスで打てなかったとしても、その失敗を引きずっている暇はありません。すぐにまた次の打席が回ってきます。

失敗なんて、すぐに忘れて、気持ちを切り替えるのがベストな対処法です。

以前に何かのビジネス書でこんな言葉を読んだことがあります。

「二流の人は失敗したことをいつまでもクヨクヨする。一流の人はすぐに切り替えて未来に目を向ける」

村上選手の「打てなかったときのことは忘れる」は、このビジネス書で見た言葉を体現しているように思えます。

誤解しないでほしいのは、村上選手は失敗したことを「単に忘れるだけ」ではないということ。

「その日の試合について反省はしています。そして次の日の朝に、反省した内容と、試合当日の復習的なことは必ずしています」

この言葉からわかるように、反省するべきことはしっかりと反省し、未来に活かしたうえで失敗したことは忘れているのです。

失敗してもクヨクヨせず、頭を切り替えて、経験として次に活かす。それが「失敗したときの最善策」なのですね。

教訓

失敗は「引きずるもの」ではなく、「次に活かすもの」。

23

断られた営業がお客様へ残すひと言
失敗の回転率を上げる

その昔、私がまだ社会人になり立ての頃、ある営業のプロフェッショナルから聞いた、たとえ話です。


あるところに、どうしても柳の枝に跳びつきたいカエルがいた。

来る日も来る日も、水面からジャンプするけれど、池に垂れ下がっている柳の枝にもう少しのところでどうしても届かない。

周りのカエルたちは、「いくら頑張っても届かないものは届かない、どうしてそれがわからないのかね」とバカにしている。

それでも、カエルは毎日跳び続けた。

そんなある日。

とうとうカエルは柳の枝に飛びつくことができた。

高くジャンプできたからではない。

柳の枝が伸びて、水面に近づいてくれたのだ。


その営業のプロフェッショナルは、こんな話を披露し、「営業は、毎日のようにお客様のところに通ってアプローチし続けることが大切。すると、お客様のほうから近づいて買ってくださることがある」とおっしゃっていました。

タイパ重視の現代の若者が聞いたら、「効率悪いじゃん」と言いそうですね。

でも、営業の世界では、結局は、**数をこなしている人が圧倒的な営業成績を残す**というのが、昔も今も変わらない事実です。

生命保険の世界で営業マネジャーとして圧倒的な活躍をされ、『営業の鬼100則』（明日香出版社）など、営業に関する著書を多数出版されている早川勝《まさる》さんは、こんなことをおっしゃっています。

「いわゆるローパフォーマーは、能力が『低い』のでは決してない。ただ単に、仕事が『遅い』だけ」

「（収益率を上げるには）スピード&チャージの姿勢で、猛烈に次々と仕事を『終わらせる』こと」

「成功しようが失敗しようが、目先の結果に一喜一憂している場合ではない。そもそもダメなものは誰がやってもダメなのだから、悪いのは『あなた』ではない。悪いのは『タイミング』だ。まだ機は熟していなかった、と解釈すること」

なるほど、そう考えれば、断られるのが怖いために、結果を先延ばしにして、時間を浪費してしまわなくても済みそうです。

そして、早川さんはさらに、とても大切なポイントについて言及しています。

それは、クローズ（成約を取りにいくこと）をかけてみた結果、断られてしまったお客様に対して、別れ際に伝えるひと言です。早川さんは、断られたときは、別れ際に、お客様へ必ずこう伝えなさいとおっしゃっています。

「もう一度、半年後に、ご提案させていただいてもよろしいでしょうか？」

これ、「また明日も……」だと断られても、半年後なら、たいがいのお客様は、「まあ、半年後に来ても変わらないと思うけど、どうしても来たければ」と承認してくれるものなのだとか。

承認していただけたら、しめたもの。本当に半年後に新たな提案を持って、「お約束の通り、参上しました」って、訪問するのです。

実は、生命保険の場合、一度断ったお客様でも、半年後に再アプローチすると、一五パーセントのお客様が成約に至るというデータがあるそうなのです。

なぜ、一度断ったお客様のうち一五パーセントもの方が成約してくださるのか？

それは、**半年の間に、お客様の環境が変化するから。**

「婚約・入籍した」

「子どもができた」

「昇進した」

「転職した」

「家を買った」

「親が入院した」

「友人が急に亡くなった」

などなど、さまざまな変化によって、お客様は、半年前には興味がなかった生命保険に対して考え方が変わることがあるのです。

そう。柳の枝が伸びて、近づいてくれるようなものですね。

私はさらに、「この営業は、半年前の約束を覚えていて、ちゃんと半年後に新しい提案を持ってやってきた」という点が、「この営業は信用できる」と、評価されることも大きいのではないかと思っています。

これは生命保険の営業に関する例でしたが、誰かに何かをアプローチするとき、

「恐れずにクローズをかける」

「断られてもタイミングのせいだと思う」

「一度で諦めずに、時間を置いて必ず再アプローチする」

という三つを忘れなければ、時間を無駄にしないし、ガッカリしないし、最終的な成功率もグンとアップします。

教訓

勇気を持ってアプローチ。そして、再チャレンジ!

24

ヘッドハンターの最初のひと言
「デキる人」とつながる方法

お釈迦《しゃか》様とある弟子の会話です。弟子が尋ねます。

「仏道というものは、たいへん頭が良くて、自分のことを導いてくれるような、仲の良い友がいるならば、それだけで、道の半分は達成できるのではないでしょうか？」

この言葉を聞いたお釈迦様は、静かにこうおっしゃいました。

「おまえは間違えている。もし、そのような善き友に巡り会えたならば、仏道を半分ではなく、完全に達成できるであろう」

な、なんと！　半分どころかすべてとは！　そんなにも、お付き合いする相手は大切ですか、お釈迦様！　と、思わず聞き返したくなります。

この「善き友を持てば、仏道は完成する」という教えは、よほど大事だとみえて、お釈迦様はこのとき以外にも、同じことを何度もおっしゃっています。


さて、このありがたい教えを現代に置き換えるなら、さしずめ、**「良きビジネスパートナーを得れば、仕事は完成したのも同然」**ということでしょうか。

前の項に登場いただいた早川勝さんは、長年、活躍された某外資系生命保険会社を自らの意思により退社し、現在は、優れた人材をヘッドハンティングして、組織を構築することを楽しみながら営業マネジメントの第一線で活躍されています。

そんなヘッドハンティングのプロに転身された早川さんとお目にかかったとき、「街を歩いていて、デキる営業パーソンをどうやって見抜いて、何と言って話しかけるのですか？」と伺ってみました。

だって、いきなり声をかけるのです。相手は警戒するのでは？

すると、こんな回答が返ってきました。

「ちょっとお尋ねしたいんですけど……」

あーっ、そうか。思わず納得しました。たしかにこう聞くのなら、いきなり声をかけても警戒されないでしょう。相手は「道を聞かれるのかな？」って思ってくれるかも。図らずも、第1章で田村淳さんが渋谷で知らない人に声をかけるときにやった武者修行と似ているところが面白い。

「仕事がデキるビジネスパーソンというのは、やっぱり服装もバリッとしているし、動作もキビキビしているし、姿勢もいい。そして、表情（特に目）にも覇気《はき》があるのでひと目見てわかります。ですから、そういう人を見かけたら、何かを尋ねる体《てい》で声をかけます。話しながら**『無茶苦茶、仕事ができそうですね！』**って正直に印象を伝えることもあります」

「うわ、自分に自信がある人には響きそう」

「それと、怪《あや》しまれないだけでなく、**何かを尋ねるように話しかけると相手の人**

柄もわかるんです。人柄も兼ね備えた本当にデキる人は、どんなに忙しくても、親切に応じてくれるものです。そして、会話をしていて、この人は！　と思ったら、『実は私、こういう会社でヘッドハンティングをしている早川勝と申します』と正体を明かして名刺交換し、後日に再会するアポイントメントを入れます。町中でこれを一、二時間やれば、十人くらいと名刺交換できます。再会まで行くのは、そのうち三人くらいかな」

これは私の想像ですが、おそらく相手も、早川さんの、ただ者ではない雰囲気を感じ取っているから多くの方が再会まで行くのではないかと思います。

初めて会う相手の人柄を知りたいとき。

「何かを聞いてみる」という手はアリかもしれません。

人柄だけでなく、説明の巧《たく》みさで仕事ができる人かどうかもわかりそうです。

教訓　相手の人柄は、親切に教えてくれるかどうかでわかる。

25

ライト兄弟の成功と失敗

栄光が「悲劇のスタートライン」になってしまうとき

一九〇三年。世界初の有人動力飛行に成功したのが、「世界の偉人伝」の中に必ずと言ってよいほど登場するライト兄弟です。

兄の名はウィルバー、弟の名はオーヴィル。二人とも自転車屋さんでしたが、当時、人類の夢であった「動力飛行機」を完成させるために、一念発起して研究を続け、ついに飛行機を完成させたのです。

これは、そんな世界の偉人、ライト兄弟の成功と失敗という寓話的なお話。

二人が飛行機を完成させるときに、彼らの自転車屋さんとしての技術がおおいに役立ちました。プロペラをチェーン駆動にした点が大きかったと言われています。

初飛行の日。十二馬力のエンジンを搭載したフライヤー号は、向かい風を利用して、五十九秒、八百五十二フィート（約二百六十メートル）の飛行に成功しました。この成功には、二人が向かい風の強い場所を初飛行の場に選び、運よく、当日に強い向かい風が吹いたことも幸いしたと言われています。

とはいえ、これは人類初の快挙。それまで、数々の人たちが飛行機で空を飛ぶことにあこがれて、ときには命を落としてきましたが、人類はついに「金属のかたまり」で空を飛ぶことに成功したわけです。

それなのに……。

この**ライト兄弟の快挙に対する世間の風当たりは最悪のもの**でした。

二人は、すぐさま、「飛行機」の特許を申請しましたが、これが、なかなか認められません。それどころか、飛行の成功を、信じてすらもらえませんでした。

新聞紙面に、大学教授が「機械が空を飛ぶことは、科学的に不可能である」という記事が載り、あからさまに批判されたこともあったのです。

ライト兄弟が、ここまで批判にさらされたのには、実は理由がありました。

一つの理由は、彼らが名も無い自転車屋さんだったこと。

長年にわたって飛行機の研究をしてきた一部の識者や企業にとっては、「世界初の動力飛行機」の完成者の座を奪われることが我慢できなかったのです。

それに、もしライト兄弟が飛行機の特許を取得してしまったら、将来、飛行機が軍事に利用されたとき、莫大な特許金額を支払うことにもなりかねない……。

それは許しがたいことだったというわけです。


ここから、ライト兄弟の人生の歯車が狂い始めます。


初飛行に成功してからのライト兄弟の人生は、**「飛行機の発明者として、自分たちを世間に認めさせるための裁判」**に明け暮れたものになってしまいました。

さらに悪いことに、二人がそんな不毛な時間を過ごすうちに、飛行機の技術は急速に進歩してしまうのです。

ライト兄弟が初飛行に成功した五年後の一九〇八年には、フランスで世界初の飛行大会が開催されます。

この大会では、飛行時間、高度、速度という三部門が競われましたが、満を持して参加したライト兄弟は、すべての部門で入賞すらできませんでした。

裁判に明け暮れるうち、彼らの飛行機に関する特許の内容は、あっという間に時代遅れなものになってしまっていたのです。

この大会の四年後に、兄のウィルバーは病死。その四年後、弟のオーヴィルは失意のまま、飛行機製造から身を引きました。

その後、ライト兄弟が、「人類初の動力飛行機の発明者」として世間に認められたのは、一九四二年のこと。

初飛行の成功から、実に四十年近く経ってのことでした。

大成功をおさめながら、悲劇的な人生を送ってしまったライト兄弟。

この人生には、たくさんの学ぶべき点があるように思えます。

もし、彼らが「動力飛行機の技術は、人類の発展のために、おおいに役立ててほしい」と声明を発表し、特許の取得をしないと宣言していたら、どうなっていたでしょう。

面目を重んじる識者からも、軍事利用による需要を見込んでいた企業からも快く受け入れられ、世間からの尊敬を集めることになったのではないでしょうか?

そして何よりも、**「富と名声を得るため」の裁判という、無駄なことに人生の貴重な時間を費やさずに済んだ**と思うのです。


現代の企業においても、「あのビッグプロジェクトは、俺の功績なんだ」って、ずーーーーっと言い続けている人、いませんか? 「この会社が生き残っているのは、実は俺が開発したあの商品のおかげなんだぜ」って、飲みに行くたびに話すような人です。

そういう人に限って、商品開発プロジェクトのメンバーの一人だったというだけのことも多いのですが……。

いずれにしても、**一つの成功にこだわり、それにすがってしまうと、そこで成長はストップ。**未来に目が向かなくなってしまいます。

ある起業家は、「自分の事業を一刻も早く成功させたい。そして、成功したら、その経営権を売って、すぐに次の新事業を興したい」とおっしゃっています。「過去の成功」に対して、なんのこだわりもないのですね。

発想の転換というか、気持ちの切り替えは、失敗したときだけでなく、成功したときにも必要なようです。

教訓 どんな成功も「通過点」くらいに思っておく。

26

大谷翔平のアドリブ力
固い頭の揉みほぐし方

メジャーリーガーの大谷翔平選手が、ドジャースのチームメイトとともにアメリカのテレビ番組に出演したときのエピソードです。

ちょうどその日がメキシコの祝日であったことから、司会者から、メキシコのお酒であるテキーラを使ったカクテル、マルガリータについて「あなたの好きなマルガリータ（のフレーバー）は？」という質問がありました。

「ストロベリー味だね」とか「スパイシーなフレーバーがいい」などと、ほかの選手が回答する中、アルコールを飲まない大谷選手の順番になります。

「あなたの好きなマルガリータは何？」と聞かれた大谷選手。

笑顔でこう回答したのです。

「ピザ」

このユーモアあふれる切り返しに、司会者も会場も大ウケ。

大谷選手のユーモアセンスというか、アドリブ力が光った場面でした。

世の中、大谷選手のように、すぐに機転を利かせたユーモアで切り返せる「頭のやわらかい人」もいれば、面白みのない回答しかできない「頭の固い人」もいます。

この差は、いったいどこからくるのでしょう？

そして、固い頭をやわらかくするにはどうしたらよいのでしょうか。

そのあたりを考えるために、頭の固い人って、そもそも、どんな人のことを言うのか。つらつらとイメージを挙げてみますと……。

「頑固で、他人の意見を聞かない」

「思い込みが強い」
「融通《ゆうずう》が利かない」
「常識にとらわれている」
「想定外の事態に弱い」
「アドリブ力が弱い」
「ユーモアのセンスがない」
「ひらめきがない」

ボロクソに言っていますが、もちろん、頭が固いと言われる人にも、「意思が強い」「自分に自信を持っている」「真面目」「ルールを重んじる」「律儀」「約束を守る」など、長所だってたくさんあります。

では、逆に「頭がやわらかい人」とは、どんな人でしょう。

「素直で、他人の意見に耳を傾ける」

「好奇心が強い」
「臨機応変」
「常識にとらわれない」
「想定外の事態に強い」
「アドリブ力が強い」
「ユーモアのセンスがある」
「アイデアが豊富」

言うまでもなく、「頭が固い人」とは逆のイメージですね。

上司が指示する通り、真面目に決まった仕事をこなしていればよかった時代ははるか昔に終わっていますから、やはり、こうして比べると、現代では「頭がやわらかい人」のほうが求められているという気がします。

さて、ではいったいどうすれば、固い頭をやわらかくできるのでしょうか？

「あー、自分は頭が固いな……」という自覚がある方。
自分改造のために普段から意識したいことは、次のようなことです。

★自分の考えは間違っているかもしれないと思ってみる
★相手の立場になって考えるようにしてみる
★ものごとを複数の視点で見るようにしてみる
★人の意見をちゃんと聞くようにしてみる
★自分が常識だと思っていることを疑ってみる
★ルールやマニュアルを疑ってみる
★自分の習慣を変えてみる
★新しいことにチャレンジしてみる

ちなみに、最後の「新しいことにチャレンジしてみる」はオーバーに考えることはありません。

新しい趣味を持つとか、まだ行ったことがない土地を旅行するとか、それこそ、通ったことがない道を通る、入ったことのないスーパーで買い物をする、いつもと違うお店でいつもと違う料理を食べる……など、その程度でも十分。

頭が固い人というのは、いつも同じ時間に同じ道を通り、同じお店で同じ料理を食べているものです。ですから、それを崩すだけで、脳が刺激を受けるのです。

凝り固まった頭を揉《も》みほぐして「やわらか頭」にする「ちょっとしたこと」。

ぜひ、意識してみてください。

教訓

「いつも通り」を崩すだけで、頭はやわらかくなる。

27

頭をやわらかくする体操1

「オチ付けクイズ」で推理力を磨く

いきなりですが、有名なアメリカン・ジョークを一つ。

レストランでのお客と店員の会話。
「君、スープを運ぶときに、君の親指がスープに入っていたようなんだが！」
「大丈夫です。そんなに熱くないんで」

定番のジョークですが、ここでちょっと考えてみてください。

このジョークのオチって、最初の言葉を見て、推理することができるとは思いませんか？

実は、よくできたショート・ジョークというのは、前半の会話にオチへの伏線が張られているので、**最後のオチの部分を隠して読むと、そのまま、オチを当てるクイズになる**のです。

私はこの、ジョークのオチの部分を隠して考えることを勝手に「オチ付けクイズ」と呼んで、ジョーク集の本を読むときに、よく遊んでいます。

では、ここで、頭をやわらかくするお遊びとして、アメリカン・ジョークの本(『外国人を笑わせろ!』宮原盛也著　データハウス)から、オチを推理できるジョークを一つセレクトしましたので、ぜひ、最後のオチの部分を考えてみてください。

《オチ付けクイズ》

次のジョークのオチの部分を当ててください。

「パパ、今日は学校に行きたくないよ」

「どうしてだい？」

「一週間前、学校で飼っているニワトリのうちの一羽が死んだんだけど、次の日の給食にはチキンスープが出たんだ。三日前にブタが一匹死んだら、その次の日の給食はローストポークだったんだ」

「それで、今日、学校に行きたくないのは、どういうわけなんだ？」

「○○○○○○○○○○○○○」

さあ、オチを考えてみてください。答えはのちほど。

この「オチ付けクイズ」。アメリカン・ジョーク以外でも楽しむことができます。

たとえば、『コボちゃん』などの新聞の四コマ漫画。

最後の四コマ目を手で隠して読んで、四コマ目のオチを考えるのです。

よくできた四コマ漫画も、最初の三コマがオチへの伏線になっているので、最後のオチがわかる作品が結構あります。

テレビ番組も録画や配信などで、途中で画面を止めることができる状態なら、「オチ付けクイズ」に使うことが可能。

たとえば、人気番組の『笑点』の大喜利コーナーで、回答者のオチの部分の前で画面を止めて、どんなオチを言うのかを考えるのです。

四コマ漫画も大喜利の回答も、やってみると、だんだんコツがつかめてきて、五、六回に一回くらいは、正解であるオチに近いオチを考えられるようになりますので、頭の体操として、ぜひ、やってみてください。

さて、それでは、クイズの答えです。


「それで、今日、学校に行きたくないのは、どういうわけなんだ？」

「昨日、理科の先生が死んだんだよ！」

教訓 ジョークのオチを考えるのは、上質な頭の体操。

28

頭をやわらかくする体操2

「意外なアイデア」がひらめく考え方

さて、ここで頭をやわらかくして発想を変えないと解決できないクイズです。

砂漠の中にある村での出来事。

その村では一匹の子ゾウを大切に飼っていました。

子ゾウは、その村の観光資源であり労働力でもある貴重な存在。

ところがある日のこと。この子ゾウが枯れた古井戸に落ちてしまったのです。

幸い、浅い井戸だったため、落ちた子ゾウは無傷でした。

しかし、狭い井戸に落ちた子ゾウを引き上げる方法が見つかりません。

人が降りて、子ゾウの体にロープを結びつけ、クレーンで引き上げる方法も考えられましたが、井戸が狭すぎて、降りた人が興奮した子ゾウにつぶされてしまう危険があります。

また、ショベルカーを使って、井戸を周囲から掘り起こすという方法も検討されましたが、古井戸のため作業中に崩れ、子ゾウが生き埋めになってしまうかも。

さて、ここでクイズ。

いったい、どんな方法を使えば、子ゾウを助け出すことができるでしょうか？

これは、既成概念にとらわれない発想法の専門家で、株式会社創客営業研究所の代表取締役、企業や自治体、官公庁などで研修セミナーを開催されている木村尚義《なおよし》さんの著書『NOロジック思考』（ベストセラーズ）の中で出題されているクイズです。

木村さんが提唱されているのは、ロジカルシンキング（論理的な考え方）とは真逆のラテラルシンキング（日本語の訳は、「水平思考」）。

このラテラルシンキングとは、心理学者のエドワード・デボノ博士が提唱した考え方で、ごく簡単に言えば、「頭をやわらかくして、さまざまな視点でものごとをとらえ、考え方や判断を広げる思考法」。
木村さんは、特に次の三つの考え方をマスターするだけでも有効だとおっしゃっています。

★常識や前提を常に疑う
そのやり方は正しいのか、今は正しくても未来はどうなのかを考える。
★本質は何か抽象化する
それは何をするものなのか。そもそもどうなっていればいいのかを考える。
★セレンディピティ（偶然による幸運）
偶然を無視せず、チャンスにできないかを考える。

さて、では冒頭のクイズをラテラルシンキングで考えると、どんな解決策が浮かんでくるでしょう。何かグッドアイデアが浮かびましたでしょうか。

では、答えです。

答え　子ゾウの背中に少しずつ砂をかけ続ける。

するとどうなるか。砂は子ゾウの足元に落ちて、足が埋まるのを嫌がる子ゾウは足を引き抜き足場を踏んで固めます。これを長く繰り返せば、やがて井戸が埋まって子ゾウを助けることができるというわけです。

砂漠ですから砂はいくらでもあります。これ、偶然による幸運です。必ずしも子ゾウを引き上げる必要はなく、助け出せればそれでよい。これは前提を疑い、問題の本質を抽象化しているというわけです。

何か問題に直面したとき、「常識や前提を疑う」「本質を抽象化する」「セレンディピティを見逃さない」という三つの点から考えて解決策を探すと、意外なアイデアが浮かぶかもしれません。

教訓　「ラテラルシンキング」で柔軟に考える。

29

「経営の神様」の名コピー
社員に「完全週休二日制」を納得させたひと言

ここで恥ずかしい告白をします。

私がまだ学生時代、そろそろ就職活動でどこの企業を訪問しようかと検討していた頃のこと。

「りっぱな社会人になる」という、青雲の志なんて、これっぽっちもなかった私が、自分の就職先として、第一条件に考えたことは……。

完全週休二日制を導入している会社！

うーむ。我ながらなんという志の低さ。

でも、当時の私は、「仕事よりも、好きなことに没頭したい」と考えていて、

「会社に就職することでクイズに弱くなりたくない」と、とんでもないことを真

剣に考えていました。

まだ、「『ウルトラクイズ』でニューヨークに行く」という夢を持っていた私は、ウイークデーは仕事で忙しくても、土日はクイズの勉強に当てたかったのです。

いやー、こんな若者を自分の会社に採用してはいけませんな……。

ちなみに、私が就職活動をした一九八〇年代は、まだ、完全週休二日制を導入している企業は少数派でした。


さて。この「完全週休二日制」という制度を、一九六五年に日本の企業で最初に導入したのは、かつて「経営の神様」と呼ばれた松下幸之助さんが興した松下電器（現パナソニック）だったのだそうです。

幸之助さんが、その導入を宣言したときの社員や労働組合の反応は、現代の感覚とはかけ離れた意外なものでした。

なんと、社員たちは導入に猛反対したのです。

「今まで六日をかけてやっていたことを、五日でやることはできない」というのが反対の理由。週に二日も仕事を休んで休養なんてしていられないと……。

就職活動当時の私に、爪のアカでも飲ませたいような勤勉さです。

そんな、仕事命の社員たちを、松下幸之助さんは、なんと言って説得したか？

実は、こんな言葉で説得したそうです。


「週休二日制とは、休みが二日あることではない。一日休養、一日教養である！」


お休みになる二日間のうち、一日は「自分の教養を磨き、自分を成長させる時間に当てなさい」というわけです。

こう言われてしまったら、真面目な社員たちは首を縦に振るしかありません。

自分たち社員のレベルアップは、そのまま会社のレベルアップですから、ぐうの音も出ません。さすが経営の神様は発想が違う。

「一日休養、一日教養」って、ゴロもいいし、なかなかの名コピーです。

ひるがえって現代。令和四（二〇二二）年の厚生労働省「就業条件総合調査」によると、完全週休二日制を導入している企業は全体の四八・七パーセントといいますから、約半分の企業が毎週二日はお休みということになります（休日出勤しなければですが……）。

日曜日は、月曜日から週末までの英気を養うとして、土曜日をどう使うかが、人生の分かれ目のような気がするのですが、いかがでしょう？

「土曜日は趣味を極める時間にする」と決めれば、いつかはそちらが自分の本業になるかもしれません。「土曜日は一冊本を読む」と決めるだけでも、年に五十冊以上を自分の糧にできます。

松下幸之助さんの名コピーは、そのまま現代でも通用すると思うのです。

教訓　「土曜日をどう使うか」が人生の分かれ目。

30

ウルトラクイズ○×予選攻略法

愚者は経験に学び、賢者は歴史に学ぶ

それまで何度チャレンジしてもうまくいかなかったことについて、過去の事例を学ぶことで突破口を見出せることがあります。

私が実体験でそれを感じたのは、『アメリカ横断ウルトラクイズ』（以下、『ウルトラクイズ』）の国内予選の○×クイズでした。

ご存じない方のために説明すると、『ウルトラクイズ』はかつて日本テレビ系で年に一度、数週間にわたって放送されていた番組で、国内予選を勝ち抜いた一般の視聴者をアメリカ大陸へ連れていき、チェックポイントごとに人数を減らして、最後の二人はニューヨークで決勝を行なうという内容でした。

その国内予選が、東京ドーム（東京ドームができる前は後楽園球場）に集まった参加者に出題される○×クイズです、間違えたら即失格。そうやって人数を減らしていき、人数が百名になるまで○×クイズを出し続けるというルール。

この予選に向けて、ひたすら○×クイズを研究し、第五回大会から参加した私でしたが、第九回までは最高で三問目までしか正解できないという体たらく。

「このままでは百年経っても国内予選を突破できない」

そう思った私は、発想を変えて、新しい○×問題を蓄積するだけでなく、**それまで無視していた「過去に出題された○×問題」を分析することにしたのです。**

すると、いろいろなことがわかってきました。

たとえば、

★答えを映像で見せることができる問題の答えは映像とともに答えを発表する。

★「あるか？ ないか？」を問う問題は、「ないことの証明ができるかどうか？」

に着目すればいい。
★最初の数問は、たくさんの人を落としたいというスタッフの意図がある。

過去の問題に目を向けたことで、たとえ答えを知らなくても、パターンで正解を推理できることに、ようやく気がついたというわけです。

そして、過去問を徹底的に分析・研究して臨んだ第十回の『ウルトラクイズ』。一問目恒例の自由の女神に関する○×はこんな問題でした。

第一問　ニューヨークの自由の女神。百年前の除幕式の幕はフランスの国旗であった。

このとき、後楽園のバックスクリーンの前に大きな自由の女神像が設置され、その顔がベールで隠されていました。おそらく第一問の正解発表のときに、このベールが落ちて除幕式のときの幕があらわれるのでしょう。ここまでのテレビの演出を考えたら、もう答えは○以外にありません。思った通り、正解は○でした。

また、三問目はこんな問題。

第三問　アメリカとソ連の間にも姉妹都市はある。

これは「あるか？　ないか？」を問う問題ですね。アメリカと旧ソ連の間に姉妹都市がないと証明できるかどうかと考えると、とても難しそうですし、逆に○の場合は、一つでも姉妹都市を確認できればオーケーです。したがって答えは○に違いないと考えた通り、答えは○でした。

さらに四問目はこんな問題。

第四問　オリンピックのシンボルマーク、五輪の形は一筆書きできる。

これも正解発表を考えれば、「一筆書きができるところ」を視聴者に見せると考えられますから○を選択。案の定、正解発表は、司会の福留功男《ふくとめのりお》さんが、実際にパネルにマジックで五輪マークを一筆書きで描くという演出で、答えは○でした。

と、こんな具合で、答えを知らなくても過去の問題の分析が功を奏し、六問連続正解した私は、夢にまで見た国内予選突破を果たせたのです。

なんだか、たいへんマニアック&手前味噌な事例で恐縮ですが、私はこの体験で、**過去の事例を謙虚に学ぶことは、目の前の問題を解決する糸口になることを学んだ**のでした。

かつて「鉄血宰相《てっけつさいしょう》」と呼ばれ、ドイツを統一に導いた政治家、オットー・フォン・ビスマルクの言葉です。

「愚者は経験に学び、賢者は歴史に学ぶ」

「こういうときは、こうなんだよ」って、得意げに教えてくれるベテランの先輩っていませんか？　そういう人は、もしかすると、自分の経験に騙《だま》されているかもしれません。

もちろん、経験がないよりは、経験豊富なほうが正解を導き出す確率は高いでしょう。でも、**生半可な経験は、かえって正しい判断の邪魔になる可能性があります。**

これに対して、賢い人は歴史に学ぶ。つまり、**自分の経験や一人の先輩などという限られた情報ではなく、膨大な過去のデータから判断する**というわけです。

なるほど、企業の経営者に読書好きが多く、特に時代小説を好きな方が多い理由がわかったような気がします。時代小説を読んで、文字通り過去の歴史の事例に学んでいるのですね。

過去に学んだうえで、さらに最新の事例や環境の変化をプラスして考えれば、正解を導き出す精度はさらにアップします。

教訓 頭をやわらかくして「攻め方」を変えてみる。そして、過去に学ぶ。

Column

イソップ寓話から 3

【片目の鹿】

片目がつぶれて見えなくなっている鹿が、海辺にやってきた。

鹿は、見えるほうの目を陸に向け、見えないほうの目を海に向けて、草を食べ始めた。陸から猟師に狙い撃たれないように注意したのだ。

ところが、運悪く沿岸を航海する者がいた。

その者は、海辺で草を食べている鹿を見つけると、船から狙い撃ちにした。

鹿は、息絶える直前、独り言をつぶやいた。

「なんてことだ。陸のほうが危険だと思って注意していたのに、海のほうから狙われるなんて、夢にも思わなかった……」

鹿はなぜ命を落としたのか？

ひと言で言えば、「思い込み」です。

医学の祖と呼ばれるヒポクラテスは、こんな言葉を残しています。

命は短い
技術は長い
機会は去りやすい
経験は騙されやすい
判断は難しい

この鹿の悲劇は、最後の二行に集約されていますね。

とはいえ、私がもし、この鹿だったとしても、まさか、海から狙われるとは思わなかったでしょう。怖い、怖い。

また、ユダヤ教の聖典、『タルムード』には、こんな記述があります。

「頭を常にやわらかくし、より良い方向へと自己を変えていくのが賢人である」

「葦《あし》のように、いつもしなやかであれ。杉の木のように、かたくなではいけない」

ヘタに経験や知識があって、思い込みが強くなるよりは、「自分は何も知らない。周りの人は皆、自分の師匠である」くらいに思っていたほうが、発想のやわらかさを保つうえではよいのかもしれません。

4章

少し立ち止まって人生を考えたいときの寓話

……より良い毎日を送るために

31

一人「脳内会議」
自分の本音を知りたいときの相談相手

人生は、いわば「選択」の連続です。

「A社とB社の両方から内定をもらったけど、どちらに就職するか？」

「会社を辞めて転職するか、それとも今の仕事を続けるか？」

など、どちらを選ぶかによって、その後の人生が変わるような選択のときには、おおいに迷うことでしょう。


そんなとき、判断基準の一つになるのが、もう一人の自分との会話です。

その昔、アメリカのテレビアニメ、『トムとジェリー』とか『ポパイ』なんかを見ていると、よくこんなシーンがありました。

たとえば、道にお金が落ちていて、それを拾ったとき。頭の中に、天使の姿をした自分と悪魔の姿をした自分が出てきて、天使のほうは「さあ、早く警察に届けに行こう」と言い、悪魔の姿をした自分は「お金を拾ったところは誰にも見られていないぜ。自分のものにしちまいなよ」と言ってくる。良心と出来心が脳内で言い争う……とそんな場面です。

人生の選択で迷ったときは、こんな感じで、「本音の自分」と「迷っている自分」に会話をしてもらうのです。

サッカー選手のみならず、実業家としても活躍されている本田圭佑《けいすけ》さん。

彼は、二〇一四年にイタリアの名門チーム「ACミラン」への移籍が決まった際、約二百人の報道陣の前で入団会見を行ないました。

その席で、記者から「なぜ、ACミランへ？」と質問された本田さんは、こう答えています。

「心の中でリトル・ホンダに聞きました。『どこのクラブでプレーしたいんだ？』と。そうしたら、心の中のリトル・ホンダが『ACミランだ』と答えた。それがACミランに来た理由です」

リトル・ホンダとは、本田さんにとって、「本音をズケズケと言ってくれる、もう一人の自分」なのでしょう。

脳内会議の結果、リトル・ホンダこと「本音の自分」の意見が通ったというわけです。

本田さんは、二〇二一年にポルトガルのチーム、ポルティモネンセへの入団会見を行なったときも、このリトル・ホンダを登場させてこう言っています。

「入団についてリトル・ホンダに聞いてみたら『ありがたく、オファーを受け取っておけ。おまえ、オファーもらえるだけ幸せやぞ』と返された」

結局、会見後にポルティモネンセへの入団の話は流れてしまいましたが、どうも、本田さんにとってリトル・ホンダという存在は、「本当はこうしたい」という本音を言ってくれるだけでなく、「調子に乗るなよ、ありがたいと思え」と、自分を諭《さと》してくれる存在でもあるようです。

人生で「大きな選択」に迷ったとき。

心の中にいる「もう一人の自分」に、「これって正直どう思う？」と聞いてみましょう。

おそらく、なんの遠慮もなく、**自分が忘れている、あるいは、怖くて直視することを避けている「本音」**を教えてくれるのではないかと思います。

もちろん、それに従うかどうかは、自由です。

ただ、自分の本音から逃げずに、真剣に向き合って決めたほうが、あとから後悔しないで済みます。

教訓

「自分の本音」から逃げずに向き合う。

32

人生を変えた一席の落語

「天職」に就けたら、人生、怖い物なし

人気番組『笑点』の大喜利コーナーにおいて、林家木久扇《はやしやきくおう》師匠の後任として、二〇二四年四月から新メンバーとなった立川晴の輔《たてかわはれのすけ》さん。子どもの頃からの落語好き……かと思いきや、落語にはまったく興味がなかったそうです。

転機は、東京農業大学の一年生のときでした。立川志《し》の輔《すけ》さんの落語を見る機会があり、「なんだこれは！」と大感動。「自分も落語家になりたい！」と思ってしまったのです。

それからというもの、毎月、志の輔師匠の独演会に足を運び、もちろん大学では落語研究会に所属。卒業後の一九九七年、本当に立川志の輔さんの弟子になったのでした。

ちなみに、伝説の大師匠、故立川談志《だんし》とは、二つ目（前座の次）昇進のときに、うなぎ屋さんで直接に昇進試験（談志師匠の前で落語、踊り、謡《うた》いを披露するという血も凍る試験）を受けることができました。このときは、全部で五人が試験を受けて、三人は不合格。晴の輔さんは、談志師匠から、いの一番に「おまえはいい」と言われたそうです。

余談ですが、談志師匠は「好きなもん食っていいぞ」との言葉を残して帰っていきましたが、うなぎ屋の支払いは自分たち持ち。しかも、談志師匠、お土産にうなぎ三人前を持って帰ったといいますから、さすがは立川談志、恐るべし！

その後、晴の輔さんは、二〇〇七年には、第一回東西若手落語家コンペティションにおいて、初代グランドチャンピオンに輝くなどキャリアを積み、二〇一三年には真打ち昇進。そして、前述のように、『笑点』大喜利のレギュラーに抜擢されたのでした。

好青年キャラで若く見えますがレギュラーが決まったとき、すでに五十一歳。

大学院に通う長男に「『笑点』のレギュラーになった」と告げると、「ふーん、死ぬなよ」との言葉をいただいたそうです（本人談）。

この晴の輔さんについて、私の知人である某大学の先生が、こんなエピソードを教えてくださいました。

晴の輔さんが真打ちになるほんの数カ月前、その先生が、晴の輔さんに、学生に対しての講演を依頼したことがあったそうです。テーマは「自分はなぜ落語家になったのか」「落語家の修業とはどのようなものなのか」など。先生としては、「修業」とはほど遠い世界に生きる現代の学生たちにとって、晴の輔さんの話は刺激になるはず、と考えての依頼でした。

この講演依頼に対し、晴の輔さんからはこんな返事があったそうです。

「講演料は要りません。そのかわり、学生諸君に『落語』を体験してもらいたいので、最初の二十分は落語を演《や》らせてください」

当日は、即席の高座を設置し、約束通り晴の輔さんは一席を披露。学生たちの反応は上々で講演は大成功に終わったそうです。

なんだか、一席の落語によって人生が変わった晴の輔さんの「落語愛」が伝わってくるエピソードです。


よく、**天職と出会った瞬間のことを「カミナリに打たれた」と表現します**が、晴の輔さんの場合は、志の輔師匠の落語がまさにそれだったのですね。

いつ「天職のカミナリ」に打たれるかはまったくわかりません。ちなみに私は、子どもの頃にテレビの『クイズ実力日本一決定戦』という番組を見てビビビッときてクイズ好きになりました（クイズは仕事にはなりませんでしたが……）。

「まだ自分はカミナリに打たれていない」という方。運よくその瞬間がきたら、「これは天職では！」と真剣に考えてみてください。

人間、天職に就けたら、もう、人生、怖い物なしなのですから。

教訓 天職との出会いは、ある日、突然やってくる。

33

欲望との付き合い方

自分の「夢」を成仏させる方法

前の項で、私は「人間、天職に就けたら、もう、人生、怖い物なし」とお伝えしました。

「いやいや、自分は○○というロック歌手のライブを見て、カミナリに打たれて、それ以来、プロのミュージシャンを目指しているけど、気がついたら、もう、四十過ぎ。ぜんぜん、芽が出ないままだぜ、ベイビー！」

と、そんなことを言いたい方もおられることでしょう。

一流のミュージシャンのパフォーマンスに遭遇して、ビビビッと感動したとしても、それが「天職のカミナリ」なのかは、正直わかりません。

だって、誰だって感動はするでしょう。

そんな、生半可な感動ではなく、それこそ、全身に鳥肌が立つくらいの衝撃があって、「出会ってしまった！」と思うくらいが、天職のカミナリです。ただの感動と間違えてはいけません。

そして、もう一つ、とても重要なこと。

「やってみたら、周りの人が一週間かかることを、自分は一時間でできてしまう」など、「まったく苦にならない」かどうかが「本当に天職かどうかの境目」なのです。

よく、「五歳のときには大人の将棋の会で無敵だった」とか、「中学生のときには、もう百曲も作曲していた」なんて聞くことがありますよね。

それは、その人にとってそれが天職であり、**他人の何分の一かの努力で簡単にできてしまう**から、そんなことが可能なのです。

そのあたりがわかっていないと、天職ではないことに対して「途方もない夢」を持ってしまい、人生の大切な時間を浪費することになりかねません。

『島耕作』シリーズや『黄昏流星群《たそがれりゅうせいぐん》』などの作品で知られる漫画家の弘兼憲史《ひろかねけんし》さんは、そんな悲劇を避けるため、**自分の夢に見切りをつける方法**として、こんな方法を推奨しています。

「夢に期限をつける」

弘兼さんは、若い頃からずっと何に関しても、まず一応の期限を決めて行動してきたそうです。そしてそれは、**「『いつか必ず』などというきれいごとより、現実のほうを大切にしたから」**なのだと。

そして実際に、二十五歳で会社を辞めて漫画家を志したときも、**「もし三十歳になるまでに一度も自分の作品が雑誌に掲載されなかったら、きっぱり諦めて別の道を進もう」**と決めていたそうです。

で、どうなったか？

弘兼さんにとって漫画家はやはり天職だったのでしょう。会社を辞めた翌年には小学館の『ビッグコミック』という雑誌に『風薫る』という作品が掲載され、五年の期限のはるか手前で目標を達成しています。

弘兼さんは、たまたま「天職に当たった」からうまくいったものの、ほとんどの方にとっては、「夢見ていること」が天職でないことのほうが多いでしょう。

つまり、なかなか夢は叶いません。

よく「努力は裏切らない」なんて言いますが、あれは大ウソ。

まあ、たしかに努力したことは必ず蓄積されて、とんでもないところで役立つので、無駄にはならないけれど、「努力は裏切らないか？」「努力すれば夢は叶うか？」というと、努力は平気な顔をして、しょっちゅう裏切ります。

だからこそ、弘兼さんのおっしゃるように、夢にタイムリミットをつける。

そして、それが叶わなければ、すっぱり諦める。

そうやって、**自分の夢を成仏させる**のです。

そうすれば、ダラダラと「夢」という名の「無理難題」を追いかけて、気がつけば、人生の半ばを過ぎていた……なんてことにならなくて済みます。

戦時下に軍港の呉《くれ》にお嫁入りした十八歳の女性、すずさんを主人公とするアニメ映画、『この世界の片隅に』（こうの史代《ふみよ》原作　片渕須直《すなお》監督）の中に、すずさんの夫がこんなことを言う場面が出てきます。

「過ぎた事。選ばんかった道。みな、覚めて終わった夢と変わりゃせんな」

どんなに楽しくても辛くても、過ぎてしまった過去は夢のごとし。

あのとき、あの道を選んでいたら、あのとき、あの人を選んでいたら……そんな、選ばなかった未来も、また、夢のようなもの。

覚めてしまった夢と同じで、もう続きがどうなったのかを見ることはできません。

私は、これと同じように、**「追いかけてみたけれど、叶わなかった夢」もまた、文字通り「覚めてしまった夢」だと思えばよいのではないか**と思うのです。

目が覚めて、途中で終わってしまったけれど、いい夢だったな……と。

もちろん、期限を決めたら、その間は精一杯、夢を追いかける。

最終ゴールの「夢」が大きなものだったら、その手前に小さなゴールを設定するのもアリです。

ちなみに、弘兼さんが会社を辞めるときに決めた小ゴールは、「三年後には会社にいた頃の給料より稼ぐ」というリアルなもの。

そして、この目標もあっという間にクリアしたそうです。

教訓

夢は「期限を決めて」追いかける。

34

タイパかくれんぼ

イタリア人が大切にする「人生を面白くするもの」

「それ、タイパが悪くないですか？」

使った時間に対する満足度の高さを重視する、いわゆるZ世代は、会社でも先輩に向かって、こんな言葉をあっけらかんと言うそうです。

もちろんタイパは「タイム・パフォーマンス」の略。

調理時間が短いという理由で、カップ麺《めん》や冷凍食品を好み、映画の配信動画も倍速で視聴する世代にとっては、たしかに先輩社員の仕事の進め方はスローモーションに見えると思います。

先日、某カフェでオーダーの順番待ちをしているとき、ちょっと笑える光景を目にしました。

お母さんがカウンターで注文をしているすぐ横に、小学一年生くらいの女の子とその妹らしい女の子が立っていて、お姉ちゃんが妹に声をかけます。

「かくれんぼ、やろっか」

（えっ？　ここで？　今？　と思う私）

「うん！　やる！」

元気に返事をする妹さん。

まず、お姉ちゃんのほうが鬼になって目を閉じます。

「12345678、もう、いいかい！」

（早！　一応、8まで数えていますが、その間、わずか一秒）

それに対して、妹が答えます。

「もういいよ！」

目を開いたお姉ちゃん。すかさず、「みーつけた！」

（いや、だから、早いって！）

「じゃあ、次は、○○ちゃんが鬼ね！　いい？」

「いいよ」

今度は妹さんのほうが目をつぶる。そして。

「123456、もう、いいかい！」

（妹も早いんかい！　しかも6までかい！）

「もう、いいよ！」

「みーつけた！」

それはそうです。一ミリも隠れていないんですから、目を開けた瞬間に見つかって当然です。

そうこうするうち、お母さんが注文したものを受け取って、姉妹の「人類史上最速のかくれんぼ」は終了しました。

これ、効率の良さだけを考えれば、究極の「タイパかくれんぼ」ですね。

でも、それって楽しいの？

タイパばかりを追い求めると、人生が、この「最速かくれんぼ」みたいになっ

てしまうのではないでしょうか？

心の余裕を大切にするイタリア人は、こんな考えを持っているそうです。

「人生にとって大切なものは、寄り道」

たとえば、道路工事のせいで回り道をすることになっても、ぜんぜんイライラしない。「回り道のおかげで美味しいカフェを見つけられるかもしれないし、素敵な人と出会えるかもしれない」などと考え、ワクワクして遠回りをするのです。

もちろん、人生という限られた時間で、タイム・パフォーマンスを重視することは、決して悪いことではないとは思います。

でも、重視しすぎてタイパに支配され、推理小説の最後だけ読んで「犯人さえわかればいい」とか、ワクワクのない人生にならないよう注意したいと思うのです。

教訓 タイパ重視は、ほどほどに。

35

「働く」ことの本質

「ストーンスープの話」が教えてくれること

人生における大きな要素の一つ、「働く」っていったい何でしょう？

よく、「働く」は「傍《はた》を楽にすること」なんて言いますね。

誰が最初に言ったのかは知りません。でも、なかなか、うまいことをおっしゃる。

「ストーンスープ」という昔話をご存じでしょうか？

有名な話で、ビジネス書にもよく登場するので、ご存じの方も多いと思います。ルーツは中国の昔話とも、ポルトガルに伝わる民話とも言われていて、バージョンもいろいろなので、ここでは、代表的なパターンをご紹介します。

ある村にやってきた旅人。

村人から大きな鍋を借りると広場で火をおこし、水を入れたその鍋を火にかけて、その中に持っていた石を投げ入れます。

そして、興味津々で見守る村人たちに言います。

「もうすぐ、美味いストーンスープができるぞ」

グツグツと煮立ってきたところで、味見をする旅人。

「少し塩が足りないな……」

「それならウチにある」

一人の村人が家から塩を持ってきてくれたので、旅人はそれを鍋の中に。

「野菜があると、もっと美味くなるんだが……」

「オレの畑から持ってこよう」

村人が持ってきた野菜を鍋に入れる旅人。

「あとは肉があれば完璧だな」

それを聞いた村人が肉を持ってきたので、それも鍋の中に。

やがて完成したスープを旅人は自分で食べるだけでなく、村人たちにも振る舞いました。

村人たちはその美味しさに感激。旅人は何ごともなかったかのように村を去っていきました。

この話、「旅人が村人をうまくだまして食べ物をせしめる話」というトンチ話的な解釈が一般的のようです。

でも、こんな解釈はいかがでしょうか。

この旅人は、何もない村にやってきて、たくさんの人たちが喜ぶ起業をした。

しかも、元手がないので、村人たちの興味を引いて、今でいうクラウドファンディングで事業を成功させた。

中国の昔話バージョンでは、村にやってくるのは、旅人ではなく修行僧です。

それも、この旅人が悪い旅人ではない証《あかし》だと思えるのです。

私が考える「仕事」の本質をひと言で言えば、**「お金をもらって、誰かの役に立つことをする」**、あるいは、**「お金をもらって、周りを幸せにする」**です。

この話の旅人は、お金はもらいませんでしたが、周りから投資してもらいました。そして、**「ストーンスープという不思議なものができるまでの過程をエンターテインメントとして楽しませ、できあがったスープを振る舞って幸せを提供した」**のですから、まさに「グッジョブ」をして去っていったわけです。


あなたの仕事は、誰の役に立っていますか？

誰の幸せに貢献していますか？

それを理解し、感じ取り、意識するだけで、仕事に対するモチベーションがガラリと変わります。

教訓 仕事の本質は「誰かに喜んでもらう」こと。

36

プレッシャーへの対し方
「期待ゼロ」の魔法

あなたは、本番に弱くて損をしていませんか？

子どもの頃なら、ピアノの発表会や学芸会の舞台、部活の試合。

成長してからは、受験、就職試験の面接、仕事のプレゼンテーションやスピーチなど、よくもまあ人生には緊張する「本番」がたくさんあるものだと思います。

そして、この「本番」をうまく乗り越えられるかどうかが、自分の人生を変えてしまうこともしばしば。本番に弱いというそれだけで、一生のうちにどれだけの損をするか、考えただけでもゲンナリです。

いったいどうすれば、緊張による損をなくすことができるのでしょうか？

モデルでタレント、そして自分のブランドも持つ藤田ニコルさんの言葉です。

「ファッションショーでランウェイに出るときは、『自分が舞台に出ても誰もキャーって言ってくれない』って、期待をゼロにしてから出るようにしている」

えっ？　なんで？　と思ったら、意外な理由でした。

「そうすると緊張しなくなるから」

小学六年生からモデルとして活躍している彼女でも、ランウェイに出るときは、今でも、「もし、私が出ていっても、会場がシーンとしていたらどうしよう」って、緊張することがあると。そんなときは、自分の中の期待をゼロにして、緊張から解き放たれるようにしているのだそうです。

そもそも、人が緊張するのは、「うまくできないのではないか？」「失敗して恥をかくのではないか?」なんて思うから。

だったら、最初から、**「うまくできなくてもいいや」「恥をかいてもいいやって、開き直ってしまう。**それだけで、結構、楽になります。


私がテレビやラジオへの出演のときによくやる緊張をしないためのおまじないの言葉は次の二つ。

「『ウルトラクイズ』の決勝に比べたら、なんでもない」

「どうせ、誰も見ていないから」

一つ目は、「これまでに経験した人生最大の緊張」と比較して、「これくらい楽勝!」と、本当は緊張している自分を騙すのですね。

二つ目。これも、自分への騙しです。

たとえば、以前に、ラジオの生番組に出演させていただいたときのこと。

録音ならまだしも、「今、この瞬間に、自分の言葉が、全国放送で流れていて、それをたくさんの人が聞いている」なんて思っただけで緊張大爆発です。

そこで、二つ目の方法で自分を騙し、こう思い込ませることにしました。

「これから出るのは、地方のへんぴな村の放送局の番組で、聴いている人は五人しかいない！」

そうです。失礼ながら、「番組への期待」をゼロにしたのですね。

この「騙し」が功を奏して、本番では緊張せずに話ができました。もちろん、司会の方が気さくに話してくださったことや、ラジオなので、手元に自作のカンニングペーパー（言うことを忘れたときのお守りのメモ）を置けたことも大きかったと思いますが……。

「期待ゼロ」の効果、ぜひ、うまく活用して、本番を乗り切ってください。

教訓 本番の緊張をほぐして人生で損をしないキーワードは「期待ゼロ」！

37

避けられない四つの苦

お釈迦様と四つの門

お釈迦様がまだ出家する前。カピラ城という城の王子だった頃の話。

その頃の名はゴータマ・シッダールタ。実はシッダールタは幼いときに仙人から「この子は立派な王になるか、高名な宗教家になるであろう」と予言されたことがあり、王様はシッダールタが出家しないように、城の中で贅沢《ぜいたく》をさせて、世間を見せないようにしていました。

しかし、二十九歳になったある日のこと。シッダールタはお供とともに、馬車で城の外に出てしまいます。

東の門を出ると、そこには、歯が抜け、腰が曲がり、すっかり年老いた老人がいました。初めてそんな人間を見たシッダールタは、お供に聞きます。

「あの者は、いったいどうしたのだ？」

「あの者は老人です。私もあなたも、いずれはあのようになります」

自分がいつかあのようになる？

ショックを受けたシッダールタは城に戻ります。

別の日、今度は南の門から城を出ると、道端に倒れて苦しそうにしている病人がいました。初めて病人を見たシッダールタは、またお供に聞きます。

「あの者は、いったいどうしたのだ？」

「あの者は病人です。人は誰でも病《やまい》になると、あのようになります」

誰でも、いつ病になるかわからない？

ショックを受けたシッダールタは城に戻ります。

また別の日、今度は西の門から出ると、葬式の列に出くわします。初めて死体を見たシッダールタはお供に聞きます。

「あの者はどうしたのだ？」

「あれは死体です。人はいつか必ず、死を迎えます」

私もいつかは死んでしまう？

ショックを受けたシッダールタは城に戻ります。

「老い」「病」、そして「死」。

人間は、こんな恐ろしいものを避けることができないのか。

三つの苦を知り、シッダールタは深く思い悩むようになりました。

そして、別の日、北の門から出たシッダールタは、出家者と出会います。

そして、出家者が修行によって、すべての苦しみから解放されていることを知り、自分も出家することを決心したのです。

これが有名な「四門出遊《しもんしゅつゆう》」あるいは「四門遊観《ゆうかん》」と呼ばれる話です。

仏教では、この「老病死」の三つに、さらに「生きる苦しみ」を加えて「四《し》苦《く》」と呼んでいます。

「生きる苦しみ」は別として、二十九歳のシッダールタ王子を思い悩ませた「老病死」という三つの苦しみ。三つとも、若くて健康な人には「遠い未来の話」だと思えてしまうところがミソです。

はっきり言って、若くて元気だと三つの苦しみに実感が湧かないんですよね。

お釈迦様は、悟りを開いたのち、若き日の自分について振り返って、人間には三つの慢心があるとおっしゃっています。

その三つの慢心とは。

自分はいつまでも若いという慢心。

自分は病気にならないという慢心。

自分は死なないという慢心。

そして、自分は、悟りを開くことで、この三つの思い上がった心を捨てることができたのだと。

悟りを開くことは難しくても、少なくとも、この三つの慢心に気づき、意識し、行動を変えることならなんとかできそうです。

自分はいつまでも若いという慢心に気づき、無理しないようにする。
自分は病気にならないという慢心に気づき、健康に気をつける。
自分は死なないという慢心に気づき、今、この瞬間を大切に生きる。

よく、命にかかわる大病を経験した人が、「人生観が変わった」と言うのを聞くことがあります。それは、おそらく、大病によって、この三つの慢心が吹き飛ぶからなのではないでしょうか。

私の知人に、仕事が順調で、「人生これから」というとき、突然の病で仕事をストップせざるを得なくなってしまった方がいます。長期の入院が必要で、退院後も、今までと同じような生活を続けることは難しいという診断結果。

そんな状態に陥ったとき、その方は何を考えたか？

ＳＮＳには、病気の報告に続けて、こんな言葉がつづられていました。

「いったいこの運命に、どんな意味があるのか？　神様は自分に何をさせたいのかを前向きに考えたいと思います」

この言葉を読んで感動しました。

もし、自分が同じ立場だったら、果たして同じように考えることができるか？

正直、自信がありません。しかし、**「理不尽な事態に陥ったときに、この事態にいったいどんな意味があるのか？」と考えることは、四苦を克服するための一つの答え**のように感じています。

教訓
「四つの苦」に怖れずに向き合ってこそ、前向きになれる。

38

秀吉の「斬れるものなら斬ってみよ」
「覚悟を決めること」の強み

いわゆる戦国時代。百姓の身から立身出世をして、ついに天下を取るまでにのし上がった男、豊臣秀吉。

家柄もなく、体も小さくて武勇に優れていたわけでもないこの男は、いったいどうして登り詰めることができたのか？

その最大の理由は、「出世できないくらいなら、いつ死んでもよい」という**「死ぬ覚悟ができていたこと」**なのではないか……と思わせてくれる話。

そもそも秀吉が、君主としていた織田信長から一目を置かれるようになったきっかけの一つは、信長が朝倉義景《あさくらよしかげ》の城を攻めたときのことでした。

この戦《いくさ》。浅井長政《あざいながまさ》が挙兵したことにより、挟《はさ》み撃ちを恐れた信長は早々に退却することを決め、自分に仕える武将たちに「誰か殿《しんがり》を願い出る者はおらぬか」と聞きます。

この殿とは、軍が敗走するとき、その最後尾を担当する役割のこと。

追ってくる敵を一手に引き受けて、大将はもちろん一人でも多くの味方を無事に逃がすのが仕事であり、討ち死にすることも多い役割。

つまり、殿を申し出るということは、「味方を逃がすために死ぬ」ということに等しい。信長の声かけに、他の武将たちが黙っている中で、秀吉が一人、「ぜひ、自分にお任せください」と立候補したのです。

このあたりからすでに、秀吉の「いつでも死ぬ覚悟はできている」という気概を感じます。

信長としては「おう、死んでくれるか。可愛いヤツよ」と思ったことでしょう。

しかし、**「死ぬ覚悟ができていること」と、「命を粗末にすること」は違います。**

秀吉は、見事に殿の役割を果たし、そのうえで、生きて信長の元に戻ってきたのです。

この戦から、信長は秀吉をより可愛がるようになります。


さて、もう一つ。秀吉の死ぬ覚悟伝説。

それは、信長が中国地方の毛利氏を攻めていたときのこと。

現在の大阪府に城を持つ荒木村重《むらしげ》という武将が信長を裏切ったという報が入ります。それを知った秀吉。なんと、裏切りをやめるよう村重を説得するため、その居城へ乗り込んでいったのです。

表向きは、秀吉を迎え入れ、酒を酌《く》み交《か》わす村重。

しかしその裏では、家臣の一人から、「この機会に、秀吉を殺してしまいましょう」と進言が。ただ、それはいくらなんでも卑怯《ひきょう》だと思ったのか、村重はその進言を退《しりぞ》けます。

そこまではわかるのです。ところがこの村重さん、何を思ったのか、秀吉に面と向かってこう言ってしまうのです。

「実はのう、家臣の中には、おまえのことを斬れと申す者がおるのだ」

なぜ、本人にそんなことを言ったのかはわかりません。

もしかしたら、村重は、信長を裏切るかどうか内心は迷っていて、信長の腹心である秀吉の器を計りたかったのかもしれません。

さて、村重の言葉を聞いた秀吉はどうしたか。

「壮士《そうし》（血気盛ん）なり」

そう叫ぶと、進言した家臣をここに連れてきてほしいと申し出たのです。

そして、その家臣が目の前に連れてこられると、あろうことか、自分の脇差《わきざし》（短い刀）を、その家臣に手渡すではありませんか。


「さあ、斬れるものなら斬ってみよ」


そう言わんばかりの行動です。

やはりこの男、「いつでも死ぬ覚悟」ができています。

その迫力に気《け》おされたのか、村重の家臣たちは、誰も秀吉に手を出すことができませんでした。

結局、裏切りをやめるようにとの説得には失敗したものの、これまた、秀吉は周りから一目を置かれることとなったのです。

人間、何が強いといって、「死ぬ覚悟」ほど強いものはありません。

秀吉が天下人《てんかびと》にまでのし上がった原動力は、この「死ぬ覚悟」だったように思うのです。

勘違いしてはいけないのは、前述のように、この「死ぬ覚悟」とは、「命を粗末にすること」ではありません。

別の言い方をすれば、**「死んだ気になる」**でしょうか。

人間、死んだ気になれば、怖いものはありません。

江戸時代中期に、佐賀鍋島藩で、藩主に仕える者の心構えとして書かれた書物

『葉隠《はがくれ》』の中に、次のような有名な一節があります。

「武士道というは死ぬことと見つけたり」

これも、武士たるもの、切腹なんて怖れていてはいけない……という意味ではありません。

「いつ死んでもいいという覚悟を決めて、生きる理由を見つめ直し、日々を充実させて有意義に生きよ」というのが真意。

決して、死ぬことを礼賛しているわけではないのです。

教訓

苦しいとき、「死んだ気になる」は、最後にして最強の武器。

39

人生を変えてくれた二人の恩人
人生は◯◯の積み重ね

本書の最後の項は、私自身が体験した寓話のような話です。

私は、今でこそ本の執筆を生業《なりわい》にしていますが、もともとは、『ウルトラクイズ』など、クイズ番組に出たことがあるだけの何のとりえもないただの会社員でした。

そんな私がどうして本を出版し、累計販売部数が六十万部を超えるまでになることができたのでしょう？

もともと、子どもの頃から、自分が書いた漫画や文章を友だちに読んでもらうことが好きだった私は、新卒入社した会社で広報部門に配属され、社内報やプレスリリースを担当するようになりました。

つまり、子どもの頃から好きだった「書いた（描いた）ものを読んでもらう」という仕事に就くことができたわけです。

もし、そのまま何も起こらなければ、たぶん定年まで、この会社にいたことでしょう。

しかし、入社して二十年以上が経った頃、大事件が。

その会社が突然、解散（グループ会社の一つでしたので、倒産ではなく解散）してしまったのです。

幸い、グループ会社の中の一社に転職し、無職にはなりませんでしたが、人生観が大きく変わり、「フリーランス（作家）になる」ことを意識するようになりました。

そんな私が、作家に転身できた理由を考えたとき、編集者さんと本を買ってくださる読者の皆さん以外で、二人の恩人が頭に浮かびます。

まず**一人目の恩人は、テリー伊藤さん**です。

私のデビュー本は『壁を越えられないときに教えてくれる一流の人のすごい考え方』（アスコム）という、舌を噛《か》みそうな長いタイトルの本です。複数の出版社さんに企画書を送った中から、アスコムの編集者さんからオファーがあり、二〇一二年九月、出版に至りました。

この本は、イチローや岡本太郎など、さまざまな有名人のエピソードをクイズ形式で紹介し、生き方のヒントにしてもらえるようにまとめたものです。

出版社としては、私のプロフィールの中の、「『アメリカ横断ウルトラクイズ』準優勝」という部分を見て、**クイズ形式の本を出す人物としてギリギリ及第点**を出してくださったのでしょう。

しかし、世間一般から見れば、どこの馬の骨かわからない無名の新人です。普通に考えれば、この本がヒットする可能性は極めて低いのが現実でした。

しかし、ここで奇跡が起きました。

この本が発売された、まさにその日の午前中。テレビの某情報番組の中で、テリー伊藤さんが、この本を取り上げてくださったのです！（もちろん、仕掛けてくれたのは本の出版元であるアスコムさんです）

番組でテリーさんがこの本に掲載されているクイズから五問を、パネルを使ってノリノリで紹介をしてくださり、しかも「この本、面白いわ」と絶賛してくださったことが効きました。

発売前日は五十万位台、放送直前は三万位近かったアマゾンランキングは、放送後、一気に総合順位で二十二位にまで急上昇！　まさにテレビ放送効果、テリー伊藤さん効果で、同書は発売日にブレイクしたのです。

発売日にブレイクし、増刷にもなったものの、発売後、数カ月も経つ頃には、少しずつ売り上げランキングの順位が下がっていきました。

普通なら、そのままアマゾンの売り上げランキングから姿を消し、私は**「一冊だけ本を出したことがある、ただの会社員」**で終わったことでしょう。

しかし、ここでまた奇跡が。**二人目の恩人、大谷翔平さん**の登場です。

発売して三カ月後の二〇一三年一月。『スポーツ報知』の紙面に、次のような内容の記事がデカデカと載ったのです。

昨年のドラフト会議で日本ハムに指名されたゴールデンルーキー、大谷翔平が、プロ入り初のキャンプに、一冊の「考え方紹介」の本を持ち込み、一流を目指す！

当時、まだ日本ハムファイターズの新人選手だった大谷選手が、プロ入り初のキャンプに、たった一冊だけ持ち込んだ本が私のデビュー本だというのです。

実は、大谷選手と仲のよいスポーツライターの方が、偶然にこの本を読んでくれて、プロ入り間近の大谷選手に「この本、面白いよ」と勧めてくださったのがことの真相。

理由はどうあれ、記事が掲載された途端、アマゾンの売り上げランキングはまたしても急上昇！　同書は、ふたたび息を吹き返すことになったのです。

次の奇跡は、デビュー本から約一年後でした。

デビュー本を読んでくださった、かんき出版の編集者さんから本の執筆のオファーがあったのです。

この二冊目のヒットが、それ以降の本の執筆依頼の引き金になりました。別の出版社さんからも次々とオファーが入り、翌年には、会社に勤めながら五冊を出版。その後も、毎年、執筆依頼が入り続け、デビュー本から五年後の二〇一七年夏には会社を辞めて執筆活動に専念することになり、現在に至ります。

こうして振り返ると、私が今、本を書いているのは、奇跡のような出来事の連鎖によるものでした。

★仕事に満足していた会社が解散し、転職して仕事が変わったのをきっかけに、フリーランスを意識するようになった。
★本の企画を、アスコムの編集者さんが気に入ってくれた。
★デビュー本が、発売日にテレビで紹介され、辛口のテリー伊藤さんが絶賛してくれた。
★大谷翔平選手が私のデビュー本を日本ハムのキャンプに持参してくれて、偶然にそれを知った新聞記者が大きな記事にしてくれた。
★デビュー本を偶然、読んでくれた、かんき出版の編集者さんから二冊目のオファーがあった。

このうちのどれか一つでも欠けていたら、今の自分はなかったはず。
まるで、「わらしべ長者」のような、偶然の積み重ねです。

私はこれまでの経験から、結局、**「人生は偶然の積み重ねでしかない」**と思っています。

この「偶然」は、もしかしたら「運」と言い換えることができるかもしれませんね。

いずれにしても、人生が「偶然」や「運」の積み重ねなら、たとえ何があっても、**「良いほうに解釈した者勝ち」**だと思うのですが、いかがでしょう？

会社が無くなったことも、「おかげで本を出すことにつながった」と思えば、良いことに早変わり。**起こったことを「良いほうに解釈する」ことで、自然と、人生は良いほうに流れていきます。**

教訓

人生には「良いことしか起こらない」。

Column

イソップ寓話から 4

【全財産を埋めた守銭奴】

あるところに一人の守銭奴《しゅせんど》（金銭欲が強い人）がいた。

家にお金を貯め込んでいましたが、「もし、家に泥棒が入って、盗まれてしまったら……」と考えると、不安で夜も眠れません。

そこで、彼は全財産を金塊に変えて、城壁の前に埋めることにしました。

しかし、それでも安心できず、しょっちゅう、金塊が無事かどうかを確認していました。

そんな様子を見ていたのが、近くに住む職人です。

守銭奴が足しげく城壁に通っていることに気づいた職人は、城壁の前を掘り返して金塊を盗んでいきました。

さて、翌日。

いつものように城壁の前にやってきた守銭奴は、金塊が盗まれているのを見て、気が狂ったかのように泣き叫びました。

そこに通りかかった人が、泣き続けている守銭奴からわけを聞くと、その人はこう言ったのです。

「悲しむことはないじゃないか。同じ場所に石を埋めて、それを金塊だと思って生きていけば、何も変わらない。どうせ埋めているだけで使わないんだから」


「宝の持ち腐れ」ということわざがあります。

この守銭奴がやっていたことは、まさにこのことわざ通りですね。

最後に出てきた人の言葉、至極ごもっとも。


人生には、付き合い方を間違うと、エライことになることが二つあります。

一つは、人との付き合い方。

そして、もう一つは、**お金との付き合い方**です。

「お金は良い召使いであるが、悪い主人でもある」とは、アメリカの政治家、ベンジャミン・フランクリンの言葉。

お金は「使うもの」です。それなのに、逆にお金に使われて（支配されて）しまったら、この話の守銭奴のようになってしまいます。

お金なんて、使ってナンボの「ただの道具」。使って初めて役に立ちます。

もちろん無駄使いは意味がありませんから、自己投資など、生き金として、どんどん使って、人生に役立てましょう。

おわりに……目にする出来事も、周りの人も、すべて教訓

「我以外皆我師」（われ以外　皆わが師）

これは、『宮本武蔵』『新・平家物語』などの作品で知られた日本の国民的作家、吉川英治《よしかわえいじ》さん（一八九二〜一九六二年）が座右の銘にしていた言葉です。

読んで字のごとく、**「自分の周りにいる人は、全員が、自分に何かを教えてくれる先生のようなものである」**という意味。

十歳の頃には、雑誌に投稿をしていたという非凡な才能を持ちながら、家庭の事情で小学校を中退し、職業を転々とした吉川さんにとっては、周りの大人たちから学ぶことが、生きる術だったのでしょう。

本書の「はじめに」で、私は、「ふと周りを見まわすと、教訓として活かせるような話って、実はたくさん転がっていますよ」とお伝えしました。

これは、なにも話や出来事（エピソード）には限りません。

周りにいる、自分以外のすべての人が、何がしかの教訓になりえます。

「えーっ、あんな嫌な上司のどこが教訓になるの？」

そう思ったあなた。

いえいえ、そんな人物こそ、「あんな人間になってはいけない」という、最高の「反面教師」になります。

目にする出来事も、周りの人も、すべて、教訓になる。

あとは、その教訓を感じ取れるかどうかです。

西沢泰生

主な参考文献

『超コミュ力』田村淳著　すばる舎／『話す力』阿川佐和子著　文春新書／『世界一やさしい自分を変える方法』西剛志著　アスコム／『欽ちゃんの、ボクはボケない大学生。』萩本欽一著　文藝春秋／『人生大逆転のヒントは「お札の中の人」に訊け』金運大吉＋川上徹也著　ディスカヴァー・トゥエンティワン／『世界ＴＯＰ６％の超絶売れる習慣』早川勝著　秀和システム／『選ばれ続ける極意』井下田久幸著　朝日新聞出版／『どんなことでも「すぐやる」技術』石川和男著　Gakken／『外国人を笑わせろ！』宮原盛也著　データハウス／『ＮＯロジック思考』木村尚義著　ベストセラーズ／『50歳からの「死に方」』弘兼憲史著　廣済堂新書／『戦国時代の余談のよだん。』和田竜著　ベストセラーズ本書は、本文庫のために書き下ろされたものです。

生《い》き方《かた》のヒントに出会《であ》う
大人《おとな》の寓話《ぐうわ》

著者　西沢泰生（にしざわ・やすお）
発行者　押鐘太陽
発行所　株式会社三笠書房
〒102-0072 東京都千代田区飯田橋3-3-1
電話　03-5226-5734（営業部）03-5226-5731（編集部）
https://www.mikasashobo.co.jp
印刷　誠宏印刷
製本　ナショナル製本

 ISBN978-4-8379-3097-6 C0130

王様文庫

王様文庫

眠れないほど面白い空海の生涯

由良弥生

驚きと感動の物語！「空海の人生に、なぜこんなにも惹かれるのか」——。弘法大師の野望と愛欲、多彩な才能。仏教と密教。そして神と仏。高野山開創に込めた願い。知れば知るほどすごい、1200年前の巨人の日常が甦る！　壮大なスケールで描く超大作。

眠れないほどおもしろい「日本の仏さま」

並木伸一郎

仏の世界は、摩訶不思議！◆人はなぜ「秘仏」に惹かれるのか　◆霊能力がついてしまう「真言」とは？◆なぜ菩薩は、如来と違ってオシャレなのか……etc.　空海、日蓮、役行者など仏教界のスター列伝から仏像の種類、真言まで、仏教が驚くほどわかるようになる本。

眠れないほどおもしろい源氏物語

板野博行

マンガ&人物ダイジェストで読む〝王朝ラブ・ストーリー〟！　この一冊で、『源氏物語』のあらすじがわかる！　光源氏、紫の上、六条御息所、朧月夜、明石の君、浮舟……きっとあなたも、千年の時を超えて共感する姫君や貴公子と出会えるはずです！

K30669

王様文庫

いちいち気にしない心が手に入る本

内藤誼人

対人心理学のスペシャリストが教える「何があっても受け流せる」心理学。◎「マイナスの感情」をはびこらせない　◎〝胸を張る〟だけで、こんなに変わる　◎「自分だって捨てたもんじゃない」と思うコツ……etc.「心を変える」方法をマスターできる本！

夜、眠る前に読むと心が「ほっ」とする50の物語

西沢泰生

「幸せになる人」は、「幸せになる話」を知っている。○看護師さんの優しい気づかい○アガりまくった男を救ったひと言　○お父さんの「勇気あるノー」○人が一番「カッコいい」瞬間……〝大切なこと〟を思い出させてくれる50のストーリー。

気くばりがうまい人のものの言い方

山﨑武也

「ちょっとした言葉の違い」を人は敏感に感じとる。だから……　◎自分のことは「過小評価」、相手のことは「過大評価」　◎「ためになる話」に「ほっとする話」をブレンドする　◎「なるほど」と「さすが」の大きな役割　◎「ノーコメント」でさえ心の中がわかる

K30658